Veronika Wengert

Glücksorte in Istrien

Mit Kvarner Bucht

Droste Verlag

Dieses Buch gehört

Liebe Glücksuchende,

Istrien macht glücklich! Wer dorthin reist, erlebt südliche Leichtigkeit von ihrer schönsten Seite: bei einem Cappuccino an der Adria, beim Bummel durch antike Küstenstädtchen oder in verwunschenen Bergdörfern, hoch über Olivenhainen.
Spätestens, wenn ein Teller hausgemachte Trüffelpasta auf dem Tisch dampft und goldgelber Malvazija im Glas glitzert, dürfte es um die meisten geschehen sein: Die herzförmige Halbinsel, die sich Kroatien, Slowenien und Italien teilen, lässt einen nicht mehr los!
Istrien, das an seiner Nordostküste in die Kvarner Bucht übergeht, bereise ich, so oft es geht: Mal allein, mal zu zweit, mal mit der ganzen Familie – denn hier findet jeder seinen ganz persönlichen Glücksort! Manche sind bekannter, andere entdeckt man erst auf den zweiten Blick – etwa eine Hängematte im Lavendelfeld oder einen alten Frachter in Rijeka, der sich als gemütliches Hotelschiff entpuppt. Oftmals genügt es schon, einfach zu einer anderen Uhrzeit zu kommen, etwa am Abend: Dann verwandeln sich die geschäftigen Werftkräne von Pula in spektakulär leuchtende Stahlgiganten.
Entdecken Sie Istrien und die nördliche Kvarner Bucht aus einem anderen Blickwinkel, lassen Sie sich inspirieren und von meiner Begeisterung mitreißen!

Ihre Veronika Wengert

Deine Glücksorte ...

... noch mehr Glück für dich

Istriens Route 66

1 *Entschleunigung auf der Landstraße*

Sie gilt als Mutter aller Fernstraßen: Die amerikanische Route 66, die Nostalgiker aus aller Welt anzieht. So viele Male besungen, darunter von den legendären „Rolling Stones“, ist die Trasse bis heute ein Ort, der nicht nur Städte miteinander verbindet, sondern Sehnsüchte und Träume weckt. Ob es nun Zufall ist oder nicht: Auch Istrien hat seine Route 66, die sich die Nummer mit der legendären US-Trasse teilt. Als D66 startet die alte Fernstraße in Matulji, im Nordosten der Halbinsel, um sich an hübschen Villen vorbei durch das alte Seebad Opatija zu schlängeln. Sie passiert den Badeort Mošćenička Draga und berührt fast die Bucht von Plomin, die sich tief ins Landesinnere zieht. Vorbei an den alten Bergarbeiterstädtchen Labin (Aussichtsturm!) und Raša geht es im Landesinneren weiter nach Süden. Nach gut 90 Kilometern entlang der Ostküste Istriens endet die D66 schließlich bei Pula.

Die D66 ist ein Sehnsuchtsort: Es ist die Route der Cabriofahrer, die langsam über den Asphalt gleiten und sich den südlichen Wind durch die Haare wehen lassen. Es ist aber auch die Trasse der Wohnmobile, die gemütlich über die Landstraße rollen. Und es ist die Straße der Motorradfahrer, die sich leidenschaftlich, mal nach links, mal nach rechts, in die Kurven legen. Vor allem ist die D66 jedoch eins: Sie gehört allen, die sich bewusst Zeit für das Reisen nehmen. Wer keine Zeit für Slow Travel hat, wählt besser das „Istarski ipsilon“, das Istrische Ypsilon. So wird die Schnellstraße genannt, die sich Y-förmig quer über die Halbinsel zieht, von Norden nach Süden und erneut nach Norden hinauf. Fast so breit wie eine Autobahn, mit Leitplanken und Mauthäuschen, an denen man freundlich begrüßt wird, verläuft die Schnellstraße an den größten Ortschaften vorbei. Das ist praktisch, wenn man gerade anreist, das Auto voller Koffer hat und einfach müde ist. Das richtige Slow Travel-Gefühl stellt sich jedoch erst auf der D66 ein, wenn immer wieder das Meer neben der Fahrbahn aufblitzt.

TIPP Badesachen einpacken und bei Medveja in die Adria eintauchen! Klares Wasser und ein toller Ausblick.

Landstraße D66, Kroatien

Unterwegs zur Südspitze

2 *Mit dem Radl am Kap Kamenjak entlang*

Am schönsten ist es, Istriens südlichsten Zipfel mit dem Fahrrad zu entdecken: Ein türkisblaues Mountainbike soll es sein, passend zur Farbe des Meeres. Der Verleiher, unweit von der Zufahrt zum Kap (Rt) Kamenjak, gibt noch einen praktischen Tipp mit auf den Weg: „Halten Sie sich immer an die Küste, da verlaufen die Rad- und Wanderwege". Er soll recht behalten: Quer durch das geschützte Gebiet des Donji Kamenjak hinunter, darf man auch mit dem Auto fahren. Die Trasse ist zwar kürzer, wirbelt jedoch im Sommer reichlich Staub auf. Radeln macht glücklicher: Dabei lassen sich Buchten entdecken, zu denen man mit dem Auto gar nicht hinkommt. An die 30 sind es insgesamt. Ein besonderer Glücksmoment tut sich im Südwesten des Naturschutzgebiets auf: Dort fällt der Blick direkt auf die winzige Leuchtturminsel Porer, auf der sich Urlauber sogar einmieten können. Es geht weiter, das Radl holpert über teils sehr spitze Steine, doch der Verleiher behält recht: „Die Reifen halten das schon aus, kein Problem." Dann taucht ein hölzerner Turm auf, der wie ein Piraten-Ausguck wirkt. In einem mächtigen Weinfass darunter klettern Kinder umher. Das Radl festgemacht, geht es zu einer der bekanntesten Beach-Bars in Istrien: Die Safari-Bar, umgeben von schattigem Schilf, mit rustikalen Holzbänken, ist für ihre Ćevapčići und die hausgemachte Sangria – eisgekühlt! – bekannt. Unterhalb: Ein Paradies für Kinder mit Rutsche, Karussell und anderen Spielgeräten. Alles selbstgebaut mit Treibgut, welches das Meer angeschwemmt hat. Ein wunderbarer Ort, an dem man den Rest des Tages verbringen könnte. Doch es geht weiter, an steilen Klippen vorbei, durch felsige Buchten, schattige Kiefernwälder, zwei Beach-Bars. Irgendwann öffnet sich noch ein Paradies für die Kleinen: Ein Dino-Lehrpfad mit riesigen Plastiktieren. Die echten Abdrücke von Dinosauriern (die Tiere haben hier mal vor 100 Millionen Jahren gelebt) gibt es weiter unten, auf der Halbinsel Grakalovac. Am Souvenirstand führt die Tour zum Verleiher zurück, der schon auf das hübsche türkisfarbene Radl wartet.

TIPP Mit dem Auto werden rund 10 Euro Öko-Taxe fällig, mit dem Radl oder zu Fuß nicht!

Naturschutzgebiet Donji Kamenjak/Kap (Rt) Kamenjak, Premantura, Kroatien, Tel. +385 52 57 52 83, www.kamenjak.hr

Fahrradverleih Jistra Adventures, Premantura 85, Premantura (vor der Einfahrt in den Park), Kroatien, Tel. +385 9 94 18 92 45, www.jistra.com

Kunterbunte Kräne

3 *Die Leuchtenden Giganten in Pula*

Vermutlich gibt es in Pula niemanden, der nicht in der Schiffswerft „Uljanik“ arbeitet oder zumindest jemanden kennt, der dort Arbeit hat: Die Werft erstreckt sich auf einer winzigen Insel im Hafen, auf der früher einmal Olivenbäume wuchsen. Einer ist noch geblieben, ansonsten wurde ein Damm aufs Festland gezogen, Kräne aufgestellt und riesige Schiffe vom Stapel gelassen. Auf die Insel darf man leider nicht, denn auf der Werft wird heute noch gearbeitet – übrigens schon seit 1856. Aber man kann sich die mächtigen Werftkräne am Abend anschauen, wenn sie in wunderbares Licht getaucht werden. Die spektakuläre Show bei Dunkelheit heißt Leuchtende Giganten („Svjetleći divovi“), und die Stahlriesen mit ihren geknickten Greifarmen blinken farbenfroh in Gelb, Lila, Rot oder Grün. Es ist jedoch kein schnöder Lichtstrahl, der sie schon von Weitem sichtbar macht, sondern ein geschicktes Beleuchtungskonzept: Das hat sich der in Pula lebende Lichtdesigner Dean Skira ausgedacht und gleich 16.000 Lichtkombinationen ermöglicht. Die Werftarbeiter brachten mehrere Dutzend Scheinwerfer an den riesigen Kränen an, die sich hier tagsüber drehen.

Den schönsten Blick auf das Lichtspektakel hat man am Ende des Hafenbeckens, bevor es einen Knick macht, um an einigen Villen vorbei zum nostalgischen Bahnhof von Pula zu führen. Direkt am Wasser, unweit der Hafenmeisterei, sucht man sich am besten eine Bank und wartet. Los geht es nämlich erst, wenn es dunkel ist – zu jeder vollen Stunde. Wenn die Kroaten, die leidenschaftliche Fußballfans sind, bei der Weltmeisterschaft mitkicken, werden die Kräne auch mal mit rot-weißem Schachbrettmuster angestrahlt. Auch an Feiertagen gibt es außergewöhnliche Lichtspektakel.

Zu jugoslawischen Zeiten gehörten die Werften zu den wirtschaftlichen Zugpferden im Land. Bis heute sind sie der Stolz der Stadt. Industriekultur, die sich nicht verstecken muss. Dass die Kräne nun buchstäblich ins richtige Licht gerückt werden, ist einfach schön – und das ist gut so.

Leuchtende Giganten, Riva, nahe der Hafenmeisterei (Lučka kapetanija), Pula, Kroatien
ÖPNV: Ab Fernbus-Bahnhof Pula Bus Nr. 2a, 8, 9; ab Bahnhof Pula Bus 4, Haltestelle Gradska knjižnica, 2 Minuten Fußweg

Betörende Felder

4 *Lila Welt auf der Lavendelfarm Deklevi*

Eine geringelte Hängematte aus Stoff, eine Schaukel und ein winziges Baumhaus im Schatten. So begrüßt die Lavendelfarm Deklevi bei Višnjan ihre Gäste am Parkplatz. Doch das Relaxen kommt später. Erst mal steht ein Spaziergang auf der Agenda: Ein kleiner Rundweg führt durch das Anwesen, in einer Viertelstunde geht es mitten durch üppige mediterrane Natur. Am schönsten ist es im Juni, wenn die Lavendelfelder lila blühen. Sie wechseln sich ab mit duftendem Rosmarin, Salbei, Minze, aber auch mit der Italienischen Strohblume, die aufgrund ihrer gelben Farbe Currykraut genannt wird. Ein mediterraner Garten, schönste Natur! Immer wieder kommt man an knorrigen Rebstöcken und Olivenbäumen mit silbrig-schimmernden Blättern vorbei. Darunter blitzt die Terra Rossa hervor, die berühmte Rote Erde Istriens, die als besonders fruchtbar gilt. Was für ein Farbenspiel! Oberhalb der Felder weist ein Holzschild den Weg zum Lavendelshop: Ein weißes Haus mit kleinen Fenstern und Gardinen. Was dort angeboten wird, hat kürzeste Transportwege, denn das meiste stammt direkt vom Feld. Lavendel – im Honig, zu duftenden Trockensträußen zusammengebunden oder als Essenz in winzigen Glasfläschchen, alles hausgemacht. Aus den eigenen Oliven wird Öl gepresst, die Früchte werden in Gläser eingelegt, die Blätter zu Tee verarbeitet – der geschmacklich ein wenig an Grünen Tee erinnert. Betörend, lokal und wunderbar typisch für Istrien.

TIPP In den Nachthimmel gucken kann man in der Sternwarte Višnjan jeden Freitagabend. www.astro.hr

Doch nicht vergessen, nun kommt der zweite Teil der Rundum-Entschleunigung: Die Hängematte wartet schon! Und auf der Holzschaukel schwingt man direkt ins Lavendelfeld hinein, so wirkt es zumindest. Eine Sprossenleiter führt auf eine Plattform im Nussbaum hinauf, ein selbstgebautes Mini-Baumhaus. Schön schattig ist es da, und wer möchte, darf dort ein Picknick machen und die Ruhe einfach auf sich wirken lassen. Ein freundlicher Glücksort zum Verweilen und Entspannen.

Lavanda Deklevi, Deklevi 1, OT Deklevi, Višnjan, Kroatien, Tel. +385 9 81 38 71 05

Trüffelpasta im Garten

5 *Casa Romantica La Parenzana in Buje*

Volpia ist ein winziger Weiler bei Buje, in den man sich eigentlich nicht zufällig verirrt. Wer hierherkommt, hat meist ein ganz bestimmtes Ziel: Das Hotel-Restaurant Casa Romantica La Parenzana, ein altes istrisches Landhaus aus hellen Ziegeln mit tannengrünen Fensterläden zum Aufklappen, nur wenige Kilometer von der slowenischen Grenze entfernt. Das Glücksgefühl kommt im Gastgarten vor dem Haus: Tische mit rotweißen Decken, die terrassenförmig in kleinen Nischen stehen. Alles ein wenig versetzt, das schafft eine wunderbar intime Atmosphäre in üppig blühendem Grün.

Drei Autos mit italienischem Kennzeichen stoppen auf dem Dorfplatz direkt davor: Ein untrügliches Zeichen, dass man hier gut essen kann! Fünf Frauen, fünf Männer und ein halbes Dutzend Kinder nehmen an einer langen Tafel im Freien Platz. Sie bestellen luftgetrockneten Schinken, Pasta mit Trüffeln, Fisch, Fleisch, Gnocchi und Risotto. Der Kellner empfiehlt, schreibt alles auf und scherzt auf Italienisch, das überall in Istrien gut verstanden wird.

TIPP Die alte Bahntrasse Parenzana (Triest-Poreč), ist heute ein Radweg und läuft hier vorbei.

Die Sonne versinkt nach dem Hauptgang. An knorrigen Ästen hängen Lampen, die den Garten in ein wunderbar grünliches Licht tauchen, ein paar Falter flattern aufgeregt darauf zu. Zwischen knorrigen Olivenbäumen, duftenden Lavendelbüschen, Rosmarin und Salbei, wird gekühlter Malvazija-Weißwein nachgeschenkt. Ein magischer Sommerabend!

Die italienischen Gäste sind nun beim Dessert angelangt: Crème brûlée mit Lavendel, aber auch Tiramisu soll es sein. Die Frauen bestellen süßen Teranini-Rotweinlikör mit Zimtaroma, die Männer feurigen Grappa, der in Kroatien „rakija" genannt wird – aufs Haus.

Es ist dunkel geworden, die Kinder flitzen immer noch über den Dorfplatz, spielen mit einer Katze. Irgendwann geht es zum Übernachten ins Haus, mit knarzigem Holzboden und eingearbeiteten Ziegelwänden – und vermutlich gibt es an diesem Abend keinen Gast, der nicht von Trüffeln, Tiramisu oder Terrassenromantik träumt. Essen kann so glücklich machen!

Casa Romantica La Parenzana, Volpia 3, Buje, OT Volpia, Kroatien, Tel. +385 52 77 74 58
www.laparenzana.com

Retro-Schick mit Charme

6 *Das MEMO-Museum in Pula*

Ein kleines Auto, mit dem man ans Meer fahren konnte, ein eigenes Telefon und ein Fernseher: Viele Menschen in Jugoslawien konnten sich das leisten. Auch wenn es gerne vergessen wird: Im Sozialismus war nicht alles schlecht. Die Betreiber des Museum of good memories, kurz MEMO, in Pula, pflegen die guten Erinnerungen an Jugoslawien. Dazu haben sie viele typische Alltagsgegenstände zusammengetragen, die es in so ziemlich jedem Haushalt zwischen Slowenien und Mazedonien gab. Wer früher einmal in Jugoslawien war, wird entzückt sein: In der nachgestellten Küche gibt es eine rote „džezva“, ein Stielkännchen aus Emaille, in der viele Kroaten bis heute gerne ihren Kaffee mit Bodensatz kochen. Über der Spüle hängen selbstgehäkelte Topflappen, im Schrank stehen Espressotassen mit Einheits-Kaffeebohnendesign. Im Wohnzimmer lädt eine senfgelbe Couchgarnitur mit kniehohem Tisch mit Pressholzplatte in Dunkelbraun ein. Nicht fehlen dürfen der Retro-Teppich und das rote Schnurtelefon des slowenischen Herstellers „Iskra“, das sogar internationale Designpreise gewonnen hat. Der klobige Röhrenfernseher versammelte ab den 1970er-Jahren nicht nur die ganze Familie, sondern lockte auch Gäste ins Haus. Pioniermützen erinnern daran, dass Schüler Staatschef Tito das Staffelholz, die „štafeta“, zum Geburtstag überreichten. Und Disco-Roller auf vier Rädern, echter Vintage-Style! Das Highlight der Sammlung ist jedoch ein winziger gelber „Fićo“, wie der Fiat 600 liebevoll genannt wurde: In Lizenz in Serbien produziert, hieß das jugoslawische Volksauto „Zastava 750“. Im MEMO lebt ein gelbes Exemplar weiter: Dort darf man auf den Fahrersitz klettern und Selfies machen.

TIPP Die antike Arena von Pula gleich ums Eck ist besonders stimmungsvoll am Abend.

Alles Schnee von gestern? Mag sein. Glücklich macht auf alle Fälle die Idee, die hinter dem Museum steht: Die gemeinsame Erinnerung wird hier nicht verdrängt, sondern angenommen. Dass Titos Vielvölkerstaat in den 1990er-Jahren ziemlich unschön zerfallen ist, daran erinnern andere Museen. Hier ist nur Platz für Dinge, die gut waren.

Museum of good memories (MEMO), Scalierova ulica 4, Pula, Kroatien
www.memo-museum.com
ÖPNV: Bus 3, 4, 5, 8, Haltestelle Arena

PU 794-94

Ein tropfendes Dach

7 *Der Wasserfall Zarečki krov bei Pazin*

Wozu die Hektik? Für den Wasserfall Zarečki krov, einen der schönsten in Istrien, sollte man sich Zeit nehmen. Ein wenig versteckt, in einem schattigen Tal bei Pazin, plätschert die Pazinčica zunächst ganz gemütlich in ihrem Flussbett dahin. Dann wird das Wasser schneller und stürzt gut acht Meter senkrecht in die Tiefe, über einen Felsvorsprung, der sich direkt über einer Höhle ausbreitet. Nach diesem Naturschauspiel ist der Zarečki krov „Dach von Zarečje" benannt. Kinder lachen, Frösche quaken, und Vögel zwitschern. Ein schattiger Weg führt hinunter zum kreisrunden Gumpen, der sich vor der Höhle auftut und den Wasserfall auffängt. So stellt man sich einen perfekten Badeplatz vor, mit kühlem Wasser und viel Schatten. Herrlich einladend! Auf ein paar großen Felsen kann man sein Strandtuch direkt über dem Wasser ausbreiten und einfach den Tag genießen: Vielleicht ein wenig träumen, lesen oder einfach runterkommen. Natürlich kann man, wenn man schon mal da ist, dort auch prima ins Wasser springen, das hier bis zu 15 Meter tief ist, das erfrischt. Oder zumindest die Füße eintauchen, auch das beflügelt an heißen Tagen! Wer im Hochsommer kommt, erlebt allerdings nicht immer einen schäumenden Wasserfall: Manchmal mutet die Pazinčica dann eher wie ein Rinnsal an, das angestrengt nach unten auf das Höhlendach tropft. Dafür lässt sich das fast ausgetrocknete Flussbett oberhalb ganz bequem überqueren, von Stein zu Stein balancierend, ohne dass man nasse Füße bekommt oder der Weg zur Rutschpartie wird. Erst wenn im Jahreskreislauf wieder Regen fällt, wallt der Wasserfall erneut auf. Ob er nun da ist oder nicht, bleibt immer eine Überraschung: Aber – der Zarečki krov ist auf alle Fälle zu jeder Jahreszeit ein prima Ort, um sich mit einem Wohlfühl-Spaziergang zu verwöhnen, stets am Fluss entlang, unter schattigen Bäumen und über sonnige Lichtungen. Mehr braucht es gar nicht zum Glück.

TIPP

Ganz in der Nähe sind die gleichnamigen Kletterwände mit vielen Schwierigkeitsgraden. www.istria-climbing.com

Wasserfall Zarečki krov bei Pazin, Kroatien, Ausfahrt Pazin-Istok (Ost), zwei Abfahrten hinter der Eisenbahnbrücke, 300 Meter Fußweg ab Parkplatz

ÖPNV: Busbahnhof Pazin, Fußweg oder Taxi

Kopflos auf Beinen unterwegs

8 *Der Verudela Art Park bei Pula*

Beneidenswert schlank und wohlgeformt sind die beiden Beine, auf denen ein mintgrünes Gehirn thront. Wie bitte? Ja, nur Beine, doppelt so hoch wie ein Mensch und darauf ein gekräuseltes Gehirn. Kein Rumpf, kein Bauch, keine Arme. So sieht eine der Skulpturen im Verudela Art Park aus, im Westen von Pula. Unterhalb des Parkplatzes in Richtung Meer entdeckt man auf der Halbinsel Verudela sieben moderne Skulpturen und Installationen. Der weitläufige Kunstpark, der 2019 eröffnet wurde und frei zugänglich ist, fällt terrassenförmig zum Meer ab. Wer hindurchschlendert, trifft eine schwebende Metallskulptur mit Retroflügeln oder ein Schiffsskelett aus Cortenstahl mit steinernem Schlot, das von Wölkchen begleitet wird. Ein Fischgerippe aus Metall wird am Abend mit hübschen Effekten blau angestrahlt: Entworfen hat dies Lichtdesigner Dean Skira, der auch das Konzept für die beleuchteten Kräne der Uljanik-Werft in Pula umgesetzt hat. Es macht Spaß, an den Skulpturen vorbeizuschlendern. Am liebsten zu zweit, in der Abenddämmerung, wenn die Objekte in das richtige Licht gerückt werden. Denn dann kann man sich gegenseitig inspirieren, was sich die Künstler dabei wohl gedacht haben. Eines sei schon mal verraten: Alle Skulpturen verbinden die Themen „Reisen“ und „Wolken“ miteinander. Sofort möchte man sich an die Stirn fassen und ausrufen: „Klar, wirkt das Gehirn nicht wie eine überdimensionale Wolke, die von den Beinen in die große, weite Welt getragen wird?“ Das Pop-Post-Art-Kunstwerk stammt vom istrischen Künstler Robert Pauletta. Mobilität und Reisen, verkörpert durch eine Wolke – das ist zeitgenössisch und doch zeitlos zugleich. Interessant ist auch das Ergebnis der anderen Künstler: Ein Thema, doch so viele Ideen und Materialien wie den hellen istrischen Kalkstein, Plexiglas, Metall oder Cortenstahl, und Formen, die hier miteinander verschmelzen – das verspricht eine spannende Entdeckungstour.

TIPP

Bikini oder Badehose nicht vergessen! Am Strand Ambrela direkt unterhalb wird gebadet.

Verudela Art Park, Pula, Kroatien, zwischen Parkplatz und Plaža Ambrela, Eingang neben der Caffe Bar E&D, Verudela 22

ÖPNV: Ab Pula-Zentrum Bus 2a, 3a, Haltestelle Verudela

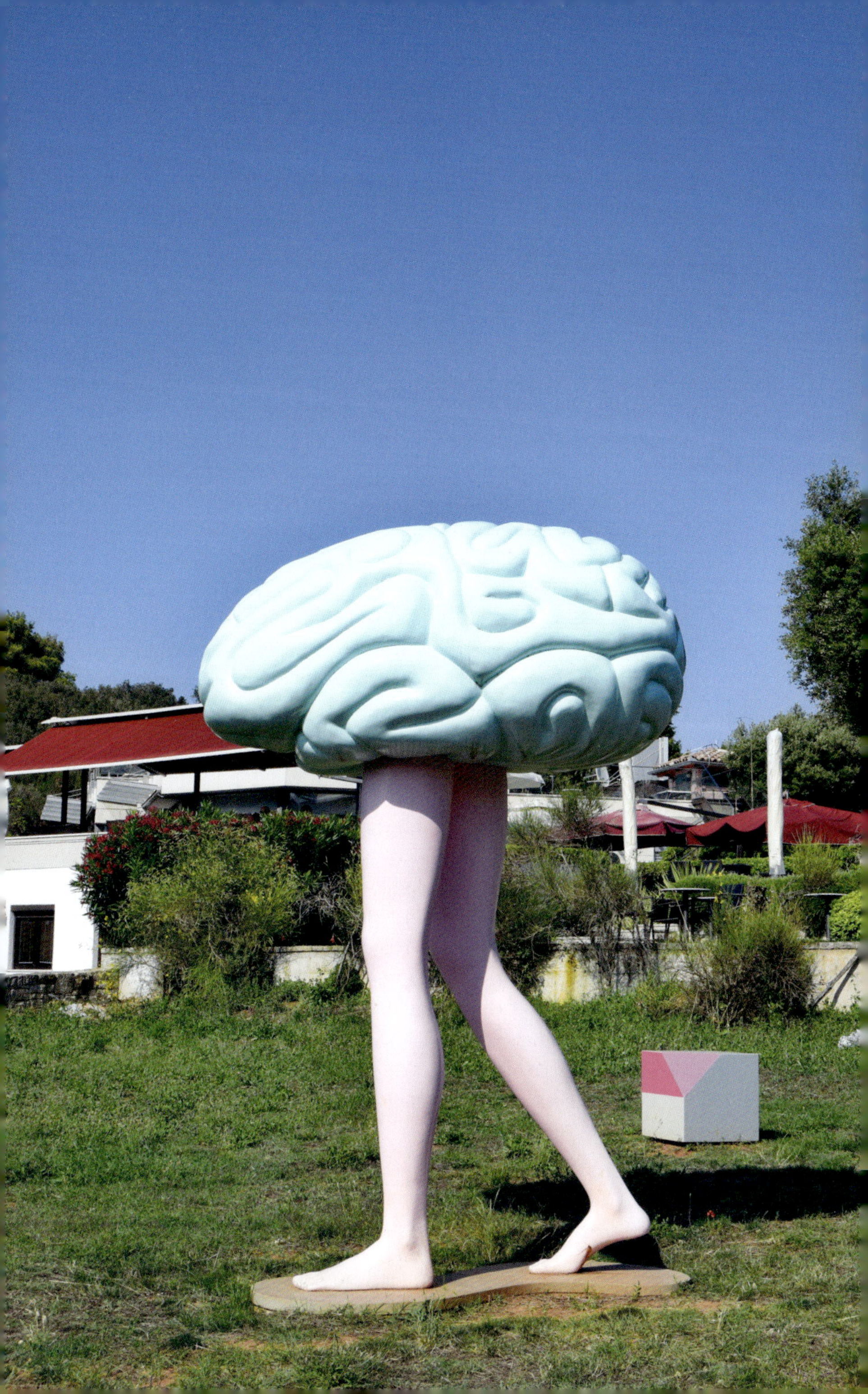

Picknick auf dem Hügel

9 *Aussichtsplatz bei Sveta Elena/Oprtalj*

Kann ein Picknickplatz glücklich machen? Oh ja. Am besten packt man den Korb voller regionaler Leckereien: Fluffiges Weißbrot vom Bäcker, ein paar frische Feigen vom Markt und luftgetrockneten Schinken, den die Kroaten „pršut" nennen, vom italienischen Wort „prosciutto" abgeleitet. Vielleicht passt ja noch ein Glas Trüffelpesto hinein, das es in jedem Souvenir- oder Feinkostladen in Istrien gibt. Wenn der Korb gepackt ist, fehlt nur noch der richtige Picknickplatz. Oberhalb von Oprtalj, im Landesinneren von Istrien, gibt es ein wunderschönes Fleckchen Erde: Dort sitzt man auf zwei Bänken an einem Holztisch, der schon ein wenig verwittert ist. Die Baumkronen mächtiger Kiefern spenden Schatten. Ein lauer Wind streift über den Hügel, und die Aussicht ist malerisch: Der Blick fällt direkt auf das Bergdörfchen Oprtalj gegenüber, aus dessen dicht gedrängtem Häusermeer ein heller Kirchturm mit flachem Dach herausragt, der zur Georgskirche (Sveti Juraj) gehört. Rebstöcke ziehen sich in geschwungenen Reihen durch Weinberge, grüne Hügellandschaften mit blühenden Blumenwiesen fallen sanft hinab – wie schön ein Picknick sein kann! Spätestens hier oben beginnt man zu verstehen, warum manche Reiseführer Istrien als „die ursprüngliche Toskana" bezeichnen. Allzu viel los ist hier oben nie, selbst an diesem Sommertag nicht: Ab und zu tuckert ein Traktor vorbei, oder es stoppt ein Auto, ein paar Urlauber klettern heraus, knipsen Erinnerungsfotos mit Hügelhintergrund – und fahren wieder weiter. Ein verliebtes Pärchen auf einem Motorrad parkt, lehnt sich engumschlungen an den Holzzaun, der den grünen Hang abschirmt und genießt still den Augenblick. Brot, Feigen, Schinken und Trüffelpesto sind alle – und eigentlich möchte man noch gar nicht weg, so malerisch ist es hier. Ein letztes Mal wird das satte Grün aufgesaugt, das Herzstück der istrischen Natur – wunderbar zum Auftanken. Und ein voller Bauch macht noch zufriedener. Mehr braucht es gar nicht zum Glück!

TIPP In Oprtalj kann man wunderbar durch verwunschene Gassen bummeln.

Sveta Elena, Oprtalj, an der lokalen Straße Oprtalj-Livade, Kreuzung Sveta Elena und Ipši, Kroatien

Milch von glücklichen Kühen

10 *In der Cheesebar der Molkerei Latus naschen*

Trockenmauern säumen den immer schmaler werdenden Weg zur Molkerei Latus. Linker Hand heben ein paar Kühe neugierig den Kopf. Glückliche Kühe? Die Weide sieht zumindest wie aus der Milchwerbung aus: Saftiges grünes Gras, ein paar schattige Bäume, viel Platz für anderthalbdutzend Tiere – und kein Autolärm. So, wie sich Kühe vermutlich einen Wohlfühlort vorstellen dürften. Eine braune Kuh mit flauschigen Ohren ist ganz nah an den Zaun herangetreten. „Bela!", wird sie von einer Arbeiterin herzlich begrüßt, die gerade den Feldweg entlangkommt. Sie streichelt die Kuhdame liebevoll, die nach einigen Augenblicken erneut den Kopf senkt, um Schafgarbe, Spitzwegerich und Gras zu kauen. Von der Weide bis zum Molkereigebäude, einem kleinen Familienbetrieb mit einem Dutzend Mitarbeitern, sind es nur wenige Meter. Im Innenhof – entzücktes Staunen: Ein modernes Landhaus mit glitzernden Glasscheiben, auf denen in weißer Schrift das Wörtchen „Milch" auf Kroatisch, Deutsch, Russisch und anderen Sprachen prangt. Ziemlich stylisch und einladend: So wirkt auch die Glasvitrine im Erdgeschoss, hinter der Quark, Joghurt, Molke und Käse ansprechend präsentiert werden. Frische Bauernhofmilch, die so schmeckt wie vermutlich nur Milch von glücklichen Kühen, kann man auch mitnehmen. Holztreppen führen in die „Cheesebar" hinauf: Ein lichtdurchfluteter Raum in hellem Holz mit modernen weißen Plastiksesseln. Bei einer Verkostung wird den Besuchern würziger Hartkäse serviert, der auf Holzbrettern reift. Trüffel verfeinern eine andere Sorte, es gibt aber auch Sauermilchkäse und einen mit Schafsmilch. Wert gelegt wird auf den Grundsatz der Familienpatriarchin Nona Šantina, die zu sagen pflegte: Milchprodukte macht man ausschließlich aus Milch! Der Naturjoghurt oder der feine Apfel-Zimt-Joghurt – alles schmeckt, wie es soll: Cremig und vollmundig – und die Milch dazu stammt ja von Bela und ihren Artgenossinnen, die zwar nicht nur auf der Weide nebenan leben – dafür aber bei Kleinbauern in ganz Istrien, die ihre Kühe sicher ebenso lieben.

TIPP Die leckeren Milchprodukte gibt es auch auf vielen Märkten, z. B. in Umag, Pazin, Rijeka oder Poreč.

Mljekara Latus, Gornji Orbanići 12 d, Žminj, OT Gornji Orbanići, Kroatien, Tel. +385 52 84 62 15
www.mljekaralatus.hr

Lait
Mlijeko
Milk
Leche Mléko
Молоко
Latte Süt
Maitoon Mlieko
Mjólk Γάλα
Maito ミルク

Traumhafte Meereskulisse

11 *Die Bar Mediterraneo in Rovinj*

Läuft man die gepflasterte Gasse in Rovinj hinauf, muss man schon ein wenig aufpassen. Sonst erspäht man den Torbogen mit dem Treppenabgang womöglich nicht: Die Stufen wirken so, als würden sie direkt ins Meer hinabführen! Tun sie aber nicht. Wer ihnen folgt, landet auf der verschachtelten kleinen Terrasse des Mediterraneo, einer perfekten Sundowner-Bar. Dort sitzt man ganz nah am Wasser, natürlich oberhalb und nicht auf Meereshöhe, falls die Wellen mal hinaufpeitschen sollten.

Unter hellen Sonnensegeln verbringt man den Nachmittag mit bunten Kissen im Rücken auf einer Steinbank, nippt an einer Limo mit Eiswürfeln. Auf mehreren Ebenen wurden grüne, türkisblaue oder lila Fußschemel platziert, die als Hocker dienen. Die Tischplatten sind gelb oder violett und so winzig, dass gerade mal zwei Cocktails draufpassen. Alles wirkt irgendwie zufällig, bunt zusammengewürfelt. Ist es aber nicht, sondern perfekt in Szene gesetzter Vintage-Style vor traumhafter Meereskulisse. Aus dem Lautsprecher dringt sommerleichte Lounge-Musik. Französische Wortfetzen verschmelzen mit englischen. Das österreichische Paar am Nebentisch bestellt einen Aperol Spritz, ein paar Italienerinnen auf der Steinbank stecken die Köpfe lachend zu einem Selfie zusammen. Niemand scheint es an diesem sonnigen Nachmittag sonderlich eilig zu haben. Sich Zeit nehmen? Diesen Luxus gönnt man sich hier.

TIPP Die Grisia-Gasse verwandelt sich im August einen Tag lang in eine Open-Air-Kunstgalerie. www.rovinj-tourism.com

Seinen Hauptauftritt hat das Mediterraneo ein wenig später: Die Cafébar schmiegt sich an Istriens Westküste, perfekt, um die untergehende Sonne zu beobachten. Zwischen Bar und Horizont breiten sich winzige, versprenkelte Inselchen aus: Was für ein Bild! Wer einen Sitzplatz in der „Front row" ergattert hat, die vermutlich genauso begehrt wie bei den internationalen Modenschauen vor dem Catwalk ist, darf sich Glückskind nennen. Und prompt wird klar, warum es niemand eilig hat: Wer am Nachmittag hier Espresso trinkt, wartet den Sonnenuntergang ab. Und ordert einen Aperol Spritz. Und vielleicht noch einen, bis die Sonne im Meer versunken ist.

Mediterraneo Bar, Ulica Svetoga Križa 24, Rovinj, Kroatien, Tel. +385 9 15 32 83 57
ÖPNV: Busbahnhof Rovinj, 10 Minuten Fußweg

Monster auf der Mattscheibe

12 *Das Peek & Poke-Computermuseum in Rijeka*

Paketgroße, hellgraue Bildschirme, über die Retro-Videospiele flimmern. Das soll glücklich machen? Wenn man ein Computer-Nerd ist, sicherlich. Die Skepsis ist groß. Doch schon an der Kasse wird man wie ein alter Freund empfangen: Für die Großen gibt es Likör oder Saft, für die Kleinen eine bunte Bonbonschale zum Reingreifen („Nimm ruhig noch eins!"). Dann folgt die kurze Anweisung: „Alles darf angefasst werden. Was nicht, ist weggesperrt." Ein Museum, in dem Anfassen ausdrücklich erwünscht ist. Vorbei an Schriftzügen wie Atari, Commodore C64 und Joysticks, geht es auf die Empore hinauf. Armlange und ebenso breite Mega-Monitore, ein Kassetten-Aufnahmegerät („Mama, was ist das?") und ein Telex – alles Zeugen längst vergangener Tage, als selbstaufgenommene Kassetten noch mit dem Bleistift aufgerollt wurden (Stichwort: Bandsalat). Ein buntes Sammelsurium, zusammengetragen von zwei leidenschaftlichen Computerfans. Irgendwann war es so viel, dass man sich 2007 entschloss, ein Museum aufzumachen. Mehr als 3000 Exponate sind es heute. „Was vor zehn Jahren noch aussortiert wurde, ist heute wertvoll", sagt Co-Gründer Svetozar Nolović. Und das ist hinter Glas oder solche Dinge, die sich schwer wiederbeschaffen oder reparieren lassen. Spannend, aber das echte Glücksgefühl kommt erst, als die Autorin das Original Pac-Man-Videospiel entdeckt. Die gefräßigen, winzigen Monster in lila, rosa oder gelb flitzen durch ein Punktelabyrinth. Die Regel ist einfach: Fressen und nicht gefressen werden. Pac-Man ist – mal ganz selbstbewusst behauptet – die Mutter aller Videospiele, das Original. Es ist eine Zeitreise in die Kindheit der 1980er-Jahre, als es noch keine Apps und Smartphones gab. Noch etwas: Wer Pac-Man nicht kennt, wird ihn hier kennenlernen – und diesen Ort einfach lieben! Allein schon, weil man sich von der Begeisterung der Betreiber, aber auch der anderen Besucher anstecken lässt.

TIPP

Das Museum der Kindheit (Muzej djetinstva), nur eine Tür weiter, gehört dazu – mit reichlich Nostalgie-Spielzeug.

Peek & Poke, Ivana Grohovca 2, Rijeka, Kroatien, Tel. +385 9 17 80 57 09
www.peekpoke.hr
ÖPNV: Bus 3, Haltestelle Ivana Grohovca

Verwunschenes Pflaster

13 *Die Ruinenstadt Dvigrad bei Kanfanar*

Die schmal geschwungene Landstraße mündet in einen kleinen, unbefestigten Parkplatz. Von dort sind es nur wenige Schritte, die durch ein steinernes Tor führen, das von Efeu umrankt wird. Schon nach wenigen Metern fühlt man sich in eine andere Welt versetzt, etwa in die der Abenteuerbücher von Enid Blyton, die ihre „Fünf Freunde“ durch verlassene Steinbrüche und die Überreste einer Burgruine mit geheimnisvollen Gängen schickt. Nun ist Dvigrad nicht in England, sondern mitten im Landesinneren von Istrien, unweit des Städtchens Kanfanar. Die Welt, die sich in der größten Ruinenstadt Istriens auftut, ist aber unglaublich faszinierend und beste Kulisse, um von Alltagsabenteuern zu träumen: Heller istrischer Stein türmt sich zu Mauerresten, vor denen im Sommer Distelblüten lila leuchten. Hier ein Haus mit Fensterhöhlen, aus denen Efeu und Gestrüpp wuchert, dort die mächtigen Außenmauern eines Turmes, ein Eisentor gibt den Blick auf einen weitläufigen Platz frei, inmitten dieser Ruinen. 220 Häuser gab es einmal, doch schon seit dem Mittelalter lebt hier niemand mehr. War es die Pest oder Malaria? So ganz genau weiß man nicht, warum Dvigrad im 17. Jahrhundert aufgegeben wurde. Pardon, eigentlich waren es ja zwei Städtchen, worauf der Name hindeutet: Duecastelli heißt der Ort auf Italienisch, die Stadt der zwei Burgen. Der verwunschene Ort hütet übrigens eine Legende: Der englische Seeräuber Henry Morgan soll hier einen Schatz versteckt haben, als er auf der Flucht vor den Briten durch den Lim-Kanal floh. Dvigrad war damals schon verlassen, und so nutzte der Pirat den geheimnisvollen Ort, um seine geplünderten Edelsteine und Schätze hier zu verstecken. An Kapitän Morgan, der sich im Nachbardorf niederließ, erinnert noch dessen Ortsname: M(o)rgani. Der Schatz selbst wurde bis heute nicht gefunden. Aber mal ehrlich: Sieht diese Ecke hinter der Mauer nicht aus, als könnten sich dahinter Perlen und Edelsteine verbergen? Oder der hier? Kopfkino an und ab auf Schatzsuche – das macht der ganzen Familie Spaß!

TIPP Der Imbiss am Parkplatz von Dvigrad serviert im Sommer leckeren Kaffee und frittierten Tintenfisch.

Ruinenstadt Dvigrad, Kanfanar, Kroatien, auf der Landstraße D5077 vor Kanfanar abbiegen (Beschilderung)

Ach du heilige Attrappe!

14 *Der Heilige Felsen in Pula-Verudela*

Der Südzipfel Istriens ist wie geschaffen für einen unverstellten Blick aufs Meer: Steil fällt die Küste hier ab, es gibt unzählige wunderbare Orte, in denen man einfach die Wellen rauschen hören und das türkisblaue Meer für seine Farbe bewundern kann. Zum Schwärmen schön! Besonders beliebt, da leicht zugänglich, ist Verudela, eine Halbinsel im Osten von Pula. Auf dem großen Parkplatz bleibt das Auto stehen, ein schattiger Weg schlängelt sich durch das Hotelresort Park Plaza Arena hindurch, immer dem Meer entgegen. Dann ist man da, schlüpft zwischen würzigen Kiefern hindurch und steht auf einem versteckten Felsvorsprung, direkt über dem Meer. Fast stockt einem der Atem: Ein winziges Kirchlein aus Naturstein thront auf einem Kliff! Wunderbar! Die Sveta stijena, der Heilige Felsen, wirkt magisch. Schaut man jedoch genauer hin, reibt man sich die Augen: Das ist ja gar keine Kirche, nur eine Wand mit hohlen Fenstern. Wie bitte? Ja, das winzige Kirchlein, das hier einmal gestanden haben soll, wurde von einem Orkan weggefegt, erzählt man sich. Dann fanden Produzenten den magischen Ort, errichteten eine Fassade für ihren Film, und seitdem steht die Kirchenwand auf dem Kliff. Im Lauf der Jahre kamen viele Neugierige, die Wand wurde bekannt. Dann wütete der Wind hier draußen abermals so stark, dass die heilige Attrappe umkippte. Sie wurde wiederaufgebaut, ist seitdem Lieblingsort für Selfie- und Instagram-Fans. Und sogar Brautpaare haben die Kirchenattrappe für sich entdeckt und geben sich hier das Ja-Wort. Und mal ehrlich, Wand oder nicht: Der Platz ist einfach zauberhaft! Spätestens, wenn die Sonne untergeht und unter den Füßen nichts als das Meer, steile Felsen und die Kirchenwand zu sehen sind, kann man sich einen Seufzer vermutlich nicht verkneifen. Für Herzklopfen sorgt auch der Kanjon, eine tiefe Felsschlucht, die sich vom Meer ins Landesinnere zieht – gleich ums Eck.

TIPP

Badesachen nicht vergessen! Östlich der Kirche kann man sich auf Felsplateaus sonnen oder ins Meer springen!

Sveta stijena, Pula-Verudela, Kroatien, direkt unterhalb der Hotelanlage Park Plaza Arena
ÖPNV: Ab Pula-Zentrum Bus 2a, 3a, Haltestelle Verudela

Goldgrünes Gaumenglück

15 *Ein Besuch beim Olivenölbauern Ipša in Ipši*

Vermutlich gibt es kaum ein gutes Restaurant in Istrien, in dem Gerichte nicht mit Olivenöl verfeinert werden. Doch wo kommt eines der besten her? Auf Spurensuche bei Klaudio Ipša und seiner Familie. Eine schmale Straße führt in den Weiler Ipši bei Livade hinauf, dann steht man auch schon vor dem Anwesen: Ein altes Natursteinhaus mit einer rebenumrankten Pergola im Garten – ein echter Lieblingsplatz! Zwei Frauen trinken gerade Wein im Schatten der Reben, ihre Männer verfrachten mehrere Kisten Olivenöl, Malvazija und Teran ins Auto. „Für den Winter", scherzt einer von ihnen mit österreichischem Akzent. Wer das goldgrüne „Ipša"-Olivenöl einmal probiert hat, wird nun schwärmerisch nicken: Wunderbar goldgrün glänzt das Öl, in dem sich mediterrane Leichtigkeit spiegelt. Klaudio Ipšas Geheimnis? Immerhin hat die Olivenöl-Bibel „Flos Olei" sein Öl schon mehrfach mit 97 von 100 Punkten ausgezeichnet. Der sympathische Mann mit dem lila Polohemd winkt bescheiden ab. Es sei eine Kombination von allem: Sorte, Lage, Jahrgang. Olivenöl aus dem Süden sei eher mild, mit fruchtigen Aromen nach Mandel und Nuss, während man im Norden Artischocke oder Radicchio herausschmecken könne. Ipša konzentriert sich auf regionaltypische Sorten – etwa die Bjelica, die sich dem Klima perfekt angepasst und eine leicht pikante Note hat. Wichtig sei auch der Zeitpunkt der Ernte, spät im Herbst: Nur zehn Tage habe man Spielraum, um den optimalen Wasseranteil in der Frucht auszukosten, was wichtig für Aroma und Frische der Früchte sei. Es macht Spaß, Klaudio Ipša zuzuhören. In jedem Wort spürt man seine Leidenschaft, mit der er für gutes Olivenöl und Wein brennt. 1000 Olivenbäume besitzt die Familie. Vor ein paar Jahren hat man mit dem Weinbau begonnen: Strohgelber Malvazija, rubinroter Teran und sogar der ungewöhnliche Orange Wine – der prompt ausgezeichnet wurde. Es ist ein Fest der Sinne, das man bei Familie Ipša erlebt.

Ipša, Ipši 10, Livade, OT Ipši, Kroatien, Tel. +385 52 66 40 10
www.ipsa-maslinovaulja.com

Ipša
SELEKCIJA
0,5 L

Reisen wie der Kaiser

16 *Nostalgie am Bahnhof Opatija-Matulji*

Ein Bahnhof, der glücklich macht? Dieser schon. Nach Matulji, einem Vorort des nostalgischen Seebads Opatija, kann man ganz entspannt mit dem Nachtzug anreisen. Ohne Stau und Kofferschleppen an Umsteigebahnhöfen. Für den Chill-Faktor bei der Anreise sorgt der Nachtzug München-Rijeka, der im Sommer verkehrt und vor wenigen Jahren von den Österreichischen Bundesbahnen (ÖBB) wiederbelebt wurde: Spätabends steigt man ein, unterwegs wird in Salzburg, Villach und Ljubljana rangiert. Während die übrigen Waggons nach Venedig, Budapest und Zagreb fahren, bleibt ein kleiner Kurswagen nach Rijeka übrig, der meist nur aus zwei Waggons besteht. Vor allem für Kinder ist das eine ziemlich spannende Sache: „Mama, wo ist der Rest des Zuges?" heißt es dann am nächsten Morgen überrascht, falls die Rangieraktionen verschlafen wurden (das tun sie meist, ein Glücksmoment für Eltern!). Wer morgens – nicht allzu früh (ein Glücksmoment für Eulen!) – in Opatija-Matulji aus dem Schlafwagen klettert, wird von diesem hübschen Bahnhof – der nur Štacion genannt wird – im Villenstil begrüßt: Palmen im Vorgarten, Wein an der Fassade und bunt blühende Blumen. Zwei Gleise führen hier vorbei, werden auf der anderen Seite von grünen Gärten begrenzt. Von hier fällt der Blick auf die Kvarner Bucht. Gibt es ein schöneres Ankommen am Urlaubsort? Meist steigen nur wenige Passagiere hier aus, die übrigen bleiben noch eine Viertelstunde länger sitzen – bis zur Endstation Rijeka. Der nostalgische Jugendstil-Bahnhof von Opatija-Matulji wurde noch zu Kaisers Zeiten errichtet: 1873 bekam die Trasse Wien-Triest eine Abzweigung in die Kvarner Bucht. Der Kaiser und seine Familie hatten eigene Warteräume in dem kleinen Bahnhof von Matulji, die heute allerdings verschlossen sind. Mit der Kutsche ging es an die Küste hinab, später mit der Tram, die hier immerhin 25 Jahre lang verkehrte, bis 1933. Wer heute hier ankommt, reist meist mit dem Taxi weiter – aber schön ist der Gedanke an den majestätischen Kururlaub trotzdem und versetzt einen sofort in wunderbare Wohlfühllaune. Willkommen im Urlaub!

Kolodvor Opatija-Matulji, Ulica Vladimira Nazora 22, Matulji, Kroatien
ÖPNV: Bus 34, 37, Bahnhof Opatija-Matulji

45
768
OPATIJA - MATULJI

Früher Jeans, heute Tasche

17 *Aus alt mach neu im Šta da? in Rijeka*

Ein kleiner, farbenfroher Laden in einer Seitenstraße im Zentrum von Rijeka: Das ist das Šta da?, was im Slang der Hafenstadt so viel wie „Echt jetzt?“ oder „Sag bloß!“ heißt. Hier gibt es wunderbar kitschfreie Dinge zu kaufen. Etwa ein stylisches Garderobenbrett: Dazu wurden ausrangierte Löffel und Gabeln verbogen, auf bunten Holzbrettern befestigt und verbringen nun ihr zweites Leben – als Kleiderhaken. Aus Retro-Stoffen wurden Gesichtsmasken genäht, die bunte Farbe ins Gesicht zaubern. Alte Lkw-Planen aus wasserfestem, robustem Material sind nun zu geräumigen Schultertaschen geworden. Besonders die Exemplare mit dem für Rijeka typischen Ausruf „Šta da“ seien sehr gefragt, erzählt die junge Verkäuferin. Beliebt seien auch Taschen, die aus alten Jeans genäht wurden. Doch nicht nur Stoff, auch ausrangierte Technik hat hier ihren Platz: Eine Computertastatur wird in Einzeltasten zerlegt, die in Ohrstecker verwandelt werden. Wer Glück hat, erwischt den ersten Buchstaben seines Vornamens oder vielleicht sogar das Initial des ganzen Namens. Und wenn es etwas mal nicht gibt, das gefällt oder passt, wird nachgeschaut, was sich machen lässt: „Das habe ich gerade da, soll ich Ihnen daraus eine Kette basteln?“, fragt die nette Verkäuferin und hält eine Schublade mit Modeschmuck hin. Der Pfiff an der Sache: Mehrere Ketten, die abgelegt oder gerissen sind, werden so miteinander kombiniert, dass sie wirken, als hätten sie schon immer zusammengehört. So trifft eine Perlenkette auf mintgrüne Plastikmuscheln und auf Plexiglassplitter. Aus drei mach eins – und genau solche hübschen, ungewöhnlichen Kombinationen machen den Charme des Modeschmucks aus. Das Konzept trifft den Nerv der Zeit, mit Dingen nachhaltiger und umsichtiger umzugehen – und ihnen eine zweite Chance zu geben. Wertschätzung kann so wunderbar stylisch und hip aussehen, da macht Shoppen noch mehr Spaß!

TIPP

Wenige Meter ums Eck trifft man auf Rijekas „schiefen Turm“, der zur Mariä-Himmelfahrt-Kirche gehört.

Šta da? Happy Hobby Shop, Užarska ulica 14, Rijeka, Kroatien

ÖPNV: Bus 1, 2, 8, Haltestelle Fiumara; Bus 8 auch Haltestelle Titov trg

šta ne
da da
siča ?

Verwunschene Winkel

18 *Im Dörfchen Završje gibt es viel zu entdecken*

Ein vergessenes Dörfchen auf einem Hügel, mitten in Istrien. Das soll glücklich machen? Unbedingt! Vor allem, wenn man mit dem Smartphone oder Fotoapparat auf der Suche nach tollen Motiven für das perfekte Urlaubsfoto ist: Završje hat so viele verwunschene Ecken, in denen man fündig wird – purer Zauber. Schon die Dorfstraße, die hinaufführt, ist eine kleine Attraktion: Sie ist holprig und mit ungleichmäßigen Natursteinen gepflastert, zwischen denen Gras wuchert. Die Straße stammt noch aus römischer Zeit! An Natursteinhäusern mit hölzernen Fensterläden in Grasgrün oder Kastanienbraun geht es vorbei. Die meisten sind verlassen, aus hohlen Häusern wächst Gestrüpp. Ein Stadttor führte früher durch einen doppelten Mauerring hinein, ein Teil ist noch erhalten. Das örtliche Kirchlein, das dem Heiligen Rochus (Sveti Rok) geweiht ist, stammt aus dem 12. Jahrhundert. Bars? Restaurants? Wenigstens ein Souvenirshop? Fehlanzeige. Ab und zu trifft man auf eine Katze, die sich in der Sonne räkelt, oder auf einen der wenigen Dorfbewohner, die hier leben. Die Kamera wegzustecken, lohnt sich nicht: Spätestens am nächsten Eck holt man sie doch wieder raus, weil man ein tolles Motiv entdeckt hat, und drückt auf den Auslöser. Alles wirkt verwunschen, authentisch, wie aus einer anderen Zeit. Wer das Dörfchen durchschlendert hat, sollte sich auch unterhalb umsehen: Dort verlief früher die Schmalspurbahn Parenzana, die Triest mit Poreč verband. Die 123 Kilometer lange Trasse wurde 1902 in Betrieb genommen, eine von 35 Stationen war Završje: Ganz in der Nähe gab es zwei Tunnel und einen Viadukt mit drei Steinbögen, die man sich heute noch anschauen kann. Die Trasse war nicht rentabel und wurde 1935 wieder abmontiert. Die Gleise verschiffte man nach Afrika, wo sie jedoch nie ankamen, da das Schiff vorher sank. Završje blieb, ohne Eisenbahn, von der Außenwelt abgeschnitten. Vor wenigen Jahren wurde die aufgelassene Bahntrasse als „Parenzana – Weg der Freundschaft und Gesundheit" wiederbelebt. Damit ist auch nach Završje neues Leben gekommen, zumindest ab und zu, wenn ein Radfahrer anhält.

TIPP

Von der anderen Bergseite aus hat man die Silhouette von Završje toll im Blick.

Grožnjan, OT Završje, 15 Autominuten von Grožnjan bzw. Oprtalj

9
10

Locker durchs Labyrinth

19 *Der Kaiserwald von Šijan bei Pula*

Haben Steine eigentlich eine Seele? Die Antwort findet man im Parkwald von Šijan (Park šuma Šijana) nördlich von Pula. Wenn es am Meer zu heiß ist, kann man sich dort prima im Schatten abkühlen und vor allem entschleunigen. Beim Auftanken helfen Felssteine: Diese winden sich, nebeneinander angeordnet, zu so genannten Himmelslabyrinthen. Die „Nebeski labirinti" werden Sonne, Mond, Mars, Jupiter und Merkur zugeordnet, weitere Himmelskörper sollen folgen. Die Idee dahinter: Mehr Achtsamkeit im Alltag und die Einladung zur inneren Einkehr. Folgt man den Spiralen, die ohne Abzweigung verlaufen, und konzentriert sich nur auf den gewundenen Weg, kann man seine innere Balance wieder ins Gleichgewicht bringen. Man findet zu sich selbst, stärkt das Ego und die Seele. Eine Hinweistafel des Initiators und Parkverwalters Natura Histrica rät, die Augen dabei zu schließen und tief zu atmen. Dadurch soll die innere Unruhe weichen, steht dort auf Kroatisch und Italienisch. Auf dem blauen Schild beim Mondlabyrinth heißt es: „Schließe deine Augen und atme tief ein. Lass dich auf das innere Herz des Universums ein." Selbst, wenn man die Tafeln nicht versteht, folgt man den Spiralen vermutlich ganz intuitiv: Die Füße laufen einfach los, auf der Lichtung mitten im Wald. Man begegnet sich selbst, lässt los und konzentriert sich nur auf den Weg. Grillen zirpen, Vögel zwitschern, sonst ist es ungewöhnlich still. Auf Holzbänken am Rande der Labyrinthe – eine steht sogar mittendrin – kommt man zur Ruhe und kann den wohligen Moment auf sich wirken lassen. Einfach den Duft des Waldes tief einatmen und zwei Gänge herunterschalten. Mindestens!

TIPP Die Sonnenuhr auf der Wiese funktioniert mit dem eigenen Schatten. Ausprobieren!

Übrigens kannten schon die Römer den Wald von Šijan, später holten die Österreicher hier im „K.u.k.-Marineforst" Eichen- und Zedernholz für den Schiffsbau – zu jener Zeit wurden im „Kaiserwald" wunderbare Baumarten wie die Flaumeiche oder die Kalabrische Kiefer gepflanzt. Ein farbenfroher Blätterrausch entsteht im Herbst, der den Moment der Vollkommenheit hier nur noch unterstreicht.

Park šuma Šijana, Pula, Kroatien, www.natura-histrica.hr, Zugang mit Parkplatz: Ecke Ulica Ante Dukića/Braće ćeh, ab der zentralen Wiese (mit Kiosk und Spielplatz) rechts halten, Beschilderung Labirinti

Winnetous Wilder Westen

20 *Der Canyon Vela Draga*

Aufrecht sitzt er im Sattel, mit wallendem schwarzem Haar: Winnetou. Mal ehrlich: Wer hat als Kind nicht von Karl Mays Romanfigur geschwärmt? Vielleicht war man sogar ein wenig verliebt in ihn: Der Kult-Indianerhäuptling, der ab den 1960er-Jahren über die Leinwand galoppierte, war so wunderbar mutig, tapfer und heldenhaft! Und die Landschaft erst – wer wollte da nicht auch mal hin? Der „Wilde Westen" wurde zum Sehnsuchtsort ganzer Generationen. Doch dort wurden die Winnetou-Kinofilme überhaupt nicht gedreht, sondern mitten in Europa, viel im damaligen Jugoslawien. Eine Szene, die in Istrien aufgenommen wurde, kommt im Film „Unter Geiern" aus dem Jahr 1964 vor: Darin taucht ein grüner Canyon mit Kalksteinsäulen und einem Tunnel im Berg auf, in den eine alte Eisenbahntrasse hineinführt. Mehr „Wildwest" geht kaum! Es ist die traumhafte Natur des Canyons Vela Draga, er erstreckt sich im Naturpark Učka, dem Gebirge, das die Riviera von Opatija vor kühlen Winden schützt. Es ist ein sagenumwobener „versteinerter Wald", der sich da an die Westhänge des Učka-Gebirges schmiegt. Die Kalksteinsäulen ragen 50 bis 90 Meter empor. Vom Aussichtspunkt fällt der Blick auf die wunderbaren grauen Steinnadeln, die aus dem Grün herausragen. Folgt man dem Weg, immer am Schluchtsaum entlang, gelangt man zu einem weiteren Aussichtspunkt mit Bank. Der Ausblick: Stillgelegte Bahngleise münden in einen Tunnel. Wer hinunter will, muss ein wenig Bergsteigerblut in den Adern haben. Es wird steil, führt durch Felsen und Schotterfelder bergab zu einer winzigen Höhle, und steil wieder bergauf. Festes Schuhwerk ist ein Muss. Wer nicht trittsicher ist, bleibt lieber oben und deckt schon mal den Picknicktisch. Ohnehin hat man von oben den eindrucksvolleren Blick. Und jemand muss ja auch den anderen Bescheid sagen, wenn Winnetou zufällig vorbeigeritten kommt, oder?

TIPP Das Učka-Gebirge ist bei Drachenfliegern und Kletterern beliebt, www.central-istria.com

Vela Draga, im Naturpark (Prirodni park) Učka, Kroatien, www.pp-ucka.hr, von Opatija Ausfahrt Veprinac (nicht durch den mautpflichtigen Učka-Tunnel), der Beschilderung folgen

Bierkrügerl am Fuß

21 *Borovos Startas-Sneakers sind Kult*

Im sozialistischen Jugoslawien konnte man zwischen weiß oder blau wählen. In anderen Farben gab es die Startas nicht. Das mag man kaum glauben, wenn man heute vor dem Schuhladen in der Altstadt von Poreč steht: Dort reihen sich gut zwei Dutzend Paare kunterbunte Startas-Leinensneakers nebeneinander. Die bequemen, flachen Schuhe, die 1976 eigentlich zum Tischtennis-Spielen entworfen wurden, haben heute wieder Kult-Status – und machen gute Laune!

Vor allem sind sie jedoch ein witziges Statement: Wer gerne Bier trinkt, kann das mit aufgedruckten Maßkrügen mit Schaumkrone zeigen. Badminton-Fans stehen Startas mit Federball-Prints zur Auswahl. Dann leuchten noch kirschrote Lippen, grüne Geckos, gelbe Schlangen oder rosa Flamingos auf den Sneakers: Hach, und fast ist man versucht, sich zu jedem Outfit die passende Farbe zuzulegen!

Einige Motive sind regional: Dazu gehören rote Lebkuchenherzen mit weißem Zuckerguss: „Licitarska srca" ist traditionelles Kunsthandwerk, das man in Kroatiens Nordwesten pflegt. Die Einhorn-Variante der Startas ist etwas ganz Besonderes: Sie schaffte es sogar mal ins Hochglanzmagazin „Vogue".

TIPP Borovo-Schuhläden gibt es auch in Rijeka, Pazin oder Rovinj.

Klingt nach schnöden Stoffschuhen? Mag sein. Wer jedoch die Geschichte der Schuhfabrik Borovo aus Vukovar kennt, ganz im Osten von Kroatien, wird die Sneakers vielleicht in einem anderen Licht sehen. Im Sozialismus war Borovo der Stolz der Stadt: 23.000 Arbeiter fertigten hier Schuhe, aber auch Autoreifen. Dann nahm die Geschichte ihren ziemlich unschönen Lauf, die Maschinen standen lange still. Irgendwann waren die Startas, über die so oft gewitzelt worden war, plötzlich wieder da. Sie haben alles überdauert, und dass es sie noch gibt, stimmt zuversichtlich. Noch etwas: Alles wird aus Stoff und Gummi gefertigt, ohne tierische Produkte – das mögen echte Glückskinder!

Borovo, Trg slobode 11, Poreč
Kroatien, www.borovo.hr
ÖPNV: Busbahnhof Poreč, 8 Minuten Fußweg

startar

Staunen und Genießen

22 *Das antike Principia Tarsatica in Rijeka*

Gerade kommt man vom modern gestalteten Stadtplatz Koblerov trg mit dem alten Mühlstein der Papierfabrik, da steht man auch schon unter einem Bogen: Der spannt sich, mitten in Rijeka, zwischen zwei Wohnhäuser. Dabei wirkt er nicht nur wie aus der Zeit gefallen, sondern auch ziemlich eingeklemmt. Das muss er auch sein, denn er hat keine Säulen, sondern besteht nur noch aus dem oberen Aufsatz. Doch nun kommt's: Das ist der Rest eines 2000 Jahre alten Tors! Das hat früher direkt in die Principia hineingeführt, das militärische Hauptquartier der römischen Stadt Tarsatica. Als man vor einigen Jahren gleich ums Eck gegraben hat, fand man ein Ruinenfeld. Das wurde 2015 freigelegt, mit modernen Elementen aufgehübscht, und nun hat Rijeka einen Archäologischen Park. Der offene Raum ist für alle frei zugänglich, so das Konzept. Die Principia umfasste einen Militärkomplex mit mehreren Gebäuden, darunter die Verwaltung sowie religiös genutzte Räume. Im 5. Jahrhundert ging die Principia unter, auf ihren Ruinen entstanden später neue Häuser. Das sieht man: Die Principia wird heute von Wohnhäusern umzingelt, die auf ihren Rändern entstanden sind. Das kann man sich nicht ganz so einfach vorstellen, doch dazu gibt's ein prima Hilfsmittel: Steht man mitten auf dem Platz, blickt man direkt auf die „Galerija Principij" und die „Bar Bar" gegenüber, die erhöht gebaut wurden. Nimmt man nun das Fernglas zu Hilfe, das da auf dem Platz fest installiert ist und schaut hinein, sieht man das römische Gebäude mit Säulen und Vordach – wie es einmal genau an dieser Stelle gestanden hat. Das ist erweiterte Realität, wie sie Spaß macht! Die Ausgrabungen wurden durch moderne, minimalistische Säulen ergänzt und werden am Abend mit weichem Licht hübsch nachgezeichnet. Manchmal finden dort auch Konzerte oder andere Veranstaltungen statt. Wer länger bleiben will, bestellt sich ein Glas Wein, Bruschetta mit Fisch oder hausgemachte Panini in der „Bar Bar" (Mo-Sa, www.bar-bar.eu) und sitzt dabei am Rand des antiken Komplexes – das imponiert schon!

Arheološki park Principij, Ulica Stara vrata 3, Rijeka, Kroatien
ÖPNV: Bus 1, 2, 8, Haltestelle Trg RH bzw. Riva

Kunst oder Kaffee?

23 *Galerija Cvajner und KunstKafe in Pula*

Was haben ein blauer Holzstuhl, ein senfgelber Sessel und ein brauner Zweisitzer gemeinsam? Nicht so viel, außer dass man auf allen dreien sitzen kann. Nicht mal das Material scheint aufeinander abgestimmt: Da trifft plüschiger Samt auf Brokat und auf lackiertes Holz. Beliebig? Ja, aber wunderbar gewollt. Im Kunstkafe Cvajner in Pula passt das alles nämlich ganz gut zusammen: Kunterbunt zusammengewürfelte Möbel verschmelzen hier zu einer gewollten Zufälligkeit, zu einem ganz entspannten Unperfektionismus mit reichlich Retro-Schick. Ist das nun ein Café oder eine Galerie? Beides. Und das gefällt: Die kreative Bohème der Stadt trifft sich hier auf einen Drink, ältere Damen schlürfen am Vormittag ihren Cappuccino, und Urlauber mit Sonnenhüten ordern auf den Außenplätzen ein kühles Bier. Dort lässt es sich übrigens unter Sonnenschirmen gut und gerne den halben Tag verbringen: Das Cvajner liegt nämlich direkt am Hauptplatz von Pula, dem antiken römischen Forum. Seit fast 2000 Jahren steht hier der schlanke Augustustempel, der später auch mal Kirche und Getreidespeicher war. Seine Säulen sind am Abend warm beleuchtet, und wenn dann noch ein Straßenmusiker davor singt, ist die Stimmung vollendet. Vom Cvajner aus gibt es den ganzen Tag etwas zu sehen. Zuschauen, wie Urlauber fröhliche Familienselfies machen oder Jugendliche mit ihrem Skateboard über den Platz flitzen. Wer lieber drin sitzt, findet viele Lieblingsplätze. Der schönste ist sicher direkt vor den deckenhohen Fenstern: Von dort aus hat man das Forum im Blick, aber auch die wechselnden Kunstwerke an der Wand, die mit römischen Mosaiken und Bogenfragmenten bemalt wurde. Dann gibt es da noch die Kassettendecke aus dunklem Holz, die wie in einer Kirche wirkt. Die ist noch aus jenen Tagen, als hier mit Gold und Geld gehandelt wurde: Das Cvajner ist nämlich in ein ehemaliges Bankhaus eingezogen. Ein schöner Kontrast, ob man nun Holz, Brokat oder Plüsch mag – oder was ganz anderes. Für echte Glückscafékinder!

Galerija Cvajner und KunstKafe, Forum 2, Pula, Kroatien, Tel. +385 52 21 65 02
ÖPNV: Bus 2, 4, 5, 8, Haltestelle Giardini, 5 Minuten Fußweg

Bei der Grappa-Königin

24 *Auf einen Mistelschnaps nach Hum*

Das kroatische Hum im Nordosten von Istrien gilt als die kleinste Stadt der Welt. Doch es ist alles da, was eine Stadt so braucht: Ein Tor, eine Kirche, zwei gepflasterte Gassen, drei Shops, eine Weinbar und eine konoba, wie man urige Tavernen mit lokalen Gerichten nennt. Ruhig ist es hier, vor allem nachts – perfekt zum Runterkommen und Ausschlafen. 28 Einwohner hat Hum, davon leben 24 das ganze Jahr dort. Eine von ihnen ist Dores Blagonić, eine sympathische junge Frau, die in ihrem Natursteinhaus geschmackvolle Zimmer vermietet. Tagsüber trifft man Dores in ihrem Souvenirladen im Erdgeschoss. Der Laden ist ein Fest für die Sinne: Dores verkauft dort den selbst angesetzten Walnusslikör ihres Vaters, betörend duftende Lavendelsäckchen oder Trüffelpesto. Vieles ist hausgemacht, alles ist regional. Wer sich nicht sicher ist – die Auswahl ist groß – darf probieren. „Süß?", fragt Dores. Und empfiehlt Teranino-Rotweinlikör. Doch auch regionales Handwerk gibt es dort, etwa kunterbunte Holzbuchstaben, die die altkroatische Glagoljica-Schrift abbilden. In der Ecke ihres Ladens hängt eine Urkunde: Dores wurde einmal von den übrigen Dorfbewohnern zur „Kraljica rakije" gewählt, zur „Grappa-Königin". Der Selbstgebrannte spielt hier eine große Rolle, denn Hum ist nämlich auch für seinen Mistelschnaps, biska, bekannt. Schon die Kelten kredenzten ein heilsames Getränk aus Misteln, ein Priester aus Hum tat es ihnen vor einem halben Jahrhundert nach: Er nutzte das alte Rezept, setzte Misteln an und heraus kam ein Likör, der gut für das Blut war. „Es war eher eine Art Medizin, also in kleinen Mengen zu genießen", erzählt Dores mit einem Augenzwinkern und lässt Besucher gerne ihren biska probieren. Und wäre der Koffer nicht so klein, fast könnte man bei Dores zur Shopping-Queen werden – so leckere Dinge gibt es da.

TIPP Den Mistelschnaps biska gibt es auch in der Humska konoba ums Eck, die dafür bekannt ist.

Hum, Guesthouse/Apartments Dores mit Souvenir- und Delikatessenshop, Hum 9, OT Hum, Kroatien

FREE tasting
BISKA
Cheese
Truffles
OLIVE OIL
cookies
Coffee
HONEY
Lavender
NATURAL COSMETICS
SOUVENIRS
SUVENIRI
BISKA

Ein Fest in der Festung

25 *Das Fort Punta Christo in Pula*

Ein mächtiger Kranz von Festungen umsäumt Pula: Da gibt es hohe Türme mit Zinnen, herrlichem Ausblick, mächtigen Mauern und Gräben. Mehr als 30 sind es, sie stammen alle aus der Zeit, als Pula noch „Österreichisches Küstenland“ und Haupthafen der K.u.k.-Kriegsmarine war. Das Fort Punta Christo auf der gleichnamigen Halbinsel, zwischen Pula und Štinjan, ist das größte unter ihnen, mit 270 Räumen. Es sollte die Bucht von Pula schützen und thront auf einem Hügel, 45 Meter über dem Meeresspiegel – gleich gegenüber dem Nationalpark Brijuni mit seiner zauberhaften Inselwelt. Drei Eingänge führen in die gigantische Festung, ein mit Gestrüpp und Sträuchern verwucherter Graben umgibt das Bauwerk. Wer hier hinein will, steht meist vor verschlossenen Türen: Nur bei einem Event, etwa dem Outlook oder Dimensions-Festival, werden die Tore geöffnet. Dann leuchtet die Festung in zauberhaftem Licht, überall wird zu elektronischer Musik getanzt und geflirtet. Es gibt Tag- und Nachtbühnen sowie, je nach Festival, sogar Dutzende von DJs, die vor schönster Geschichtskulisse auflegen.

TIPP Die Festung Verudela mit Aquarium und Meeresschildkröten-Reservat lohnt auch einen Besuch. www.aquarium.hr

Das klingt wie von Null auf Hundert: Nach dem Zweiten Weltkrieg wurden die meisten Festungen rund um Pula aufgegeben. Doch irgendwann forderten engagierte Bürger, die Festungen freizugeben: zum Feiern, zum Besichtigen, als Kulturgut. Und so kam auch das Fort Punta Christo zu seinen Ausstellungen, Kulturevents und Musikfestivals. Klar, bei dieser zauberhaften Location!

Auf der Halbinsel Punta Christo gibt es jedoch noch mehr zu entdecken: Linker Hand an der Festung vorbei führt ein schmaler Weg zu einer Art Hippie-Kolonie: Holzschilder begrüßen Spaziergänger zwar herzlich, stellen jedoch klar, dass das hier ein Privatgrundstück ist. Eine selbstgebaute Bar mit Ausschank, Hängeschaukel, Sitzen und ein Zelt warten auf die Besucher aus aller Welt. Statt einem kroatischen „bok“ hört man hier häufiger „hello“ oder „salut“– und das verleiht diesem ungewöhnlichen Ort direkt am Meer einen internationalen Touch.

Tvrđava Punta Christo, Halbinsel Punta Christo, Štinjan bei Pula, Kroatien

FORT PUNTA CHRISTO
MDCCCLXIII

Ein luftiger Bierplatz

26 *Abkühlung in der Konoba Oprtalj*

Ein Biergarten ohne Kastanienbäume? Das geht sich nicht aus, würde man in Bayern sagen. Zumindest gilt das für einen „richtigen“ Biergarten. In Oprtalj, einem verschlafenen Bergdorf im Landesinneren von Istrien, gibt es gleich vier Kastanienbäume. Die wachsen nebeneinander und spannen ihre schattigen Kronen direkt über die Terrasse der Konoba Oprtalj. Auf dunklen Holzbänken nimmt man Platz und seufzt erst mal, zumindest an heißen Sommertagen – so schön schattig ist es hier unter den Kastanien. Der Blick fällt über die alte Steinmauer auf grüne Weinberge und Olivenhaine im Tal. Es kommt aber noch besser: Ein wunderbar erfrischender Wind pustet über den Felsvorsprung der Terrasse. Restaurantchef Sandro Horvatin weiß, dass das zu seinem Erfolg beiträgt: „Manche Gäste reisen sogar vom Meer nach Oprtalj, da hier oben immer der maestral weht – und der ist herrlich zum Abkühlen“, sagt der Wirt. Klar ist so ein laues Lüftchen im Sommer immer gut, doch die Küche ist ebenso ein Grund, hier einzukehren: Deftiges Gulasch oder eine Sauce mit frischen Pilzen aus der Gegend. Dazu gibt es hausgemachte Ravioli, mit Käse gefüllt, oder die istrische Nationalpasta, „pljukanci“, eine Art eingerollte Nudel, die wie eine Mischung aus Rigatoni und gedrehter Schupfnudel wirkt. Es ist kurz nach zwölf Uhr mittags: Die Postbotin stoppt auf einen Kaffee, die örtlichen Arbeiter ebenfalls. Am Tisch nebenan sind gerade österreichische Gäste angekommen, die das Gulasch loben. Hier waren sie schon mal. Die konoba gibt es seit den 1990er-Jahren, Sandro Horvatin ist seit sechs Jahren mit dabei. Er begrüßt die Österreicher freundlich: „Meine Freunde“, serviert lokales Bier und – Gulasch. Die Arbeiter brechen auf, die Österreicher schwärmen von der gut gewürzten Sauce. Der Wirt hängt ein paar Tücher auf einen Wäscheständer vor der Küche – hier oben bei wunderbar lauem Lüftchen dürfte die Wäsche bald trocken sein.

TIPP

Die karminrote Stadtloggia nebenan hütet einen venezianischen Steinlöwen und ein Lapidarium.

Konoba Oprtalj, Ulica Matka Laginja 17, Oprtalj, Kroatien, Tel. +385 92 299 05 16

Wo Elfen regieren

27 *Entdeckungen auf dem Land Art Trail*

Ein bunt bemalter Felsen, der wie ein gespaltenes Herz aussieht: Das lässt im ersten Moment auf so ziemlich alles schließen, nur nicht auf das Glück. Und auf den zweiten Blick? Unbedingt. Im Land Art Trail, an den Hängen des grünen Gebirgszugs Učka, im Nordosten der Halbinsel Istrien, setzt man auf Kunst im Freien: Das Besondere an diesen Skulpturen ist, dass sie aus natürlichen Materialien geformt sind. Da finden sich Steine, Baumstümpfe oder Holz – alles, wie es in der Umgebung vorkommt. Der perfekte Platz für Naturverbundene!

Unterhalb des Bergsattels Poklon beginnen zwei Rundwege, die sich kreuzen. Ihr 6,5 Kilometer langer Verlauf ist auf einem Naturstein aufgezeichnet. Von Station zu Station geht es durch den Wald, an sonnigen Lichtungen vorbei. Da kommt man mal zu einem „Elfenthron" aus Felsblöcken, die mit umweltfreundlichen Farben bemalt wurden. Mal geht es an einem steinernen Labyrinth, mal an farbigen Baumrinden vorbei. Und auf einem grauen Felsblock ranken sich aufgemalte Winden in Grün.

Die Land Art-Skulpturen inmitten der Natur hat der in Rijeka lebende Künstler Boris Pecigoš entworfen. Sein Leitmotiv: die Verbindung zwischen Mensch und Natur. Trotz seines schnellen Lebenswandels sei der Mensch ein untrennbarer Teil der Natur. Er wirke nur durch sein bloßes Bestehen auf sie ein und verändere sie. Die grüne Hinweistafel am Wegbeginn fordert die Wanderer zudem auf Kroatisch und Englisch ausdrücklich dazu auf, den „Duft des Waldes einzuatmen, seine Geräusche zu hören und die feuchte Erde unter den Fingern zu spüren". Man solle einen Baum umarmen und Sonnenstrahlen auf die Haut lassen, um die Energie der Natur zu spüren. Auf fast jedem Kunstwerk finden sich Handabdrücke mit Öko-Farbe, die ausdrücklich angefasst werden sollen. Die Land Art-Kunstwerke stehen bewusst im Freien, wo sie den natürlichen Kräften von Regen, Sturm, Sonne oder Wind ausgesetzt sind. Dadurch verwittern sie oder zerfallen eines Tages. Doch das ist gewollt, im Einklang mit der Natur, die entscheidet, was mit dem gespaltenen Herz geschieht.

Land Art Trail Stražica-Sapaćica, Prirodni Park Učka, Kroatien, Länge: 6,5 Kilometer (Abkürzung möglich), Dauer: 2 bis 3 Stunden

Altes Rezept, neuer Fluff

28 *Das Caffè Wagner in Opatija*

Konditoreien sind der Spiegel einer Region: Das gilt umso mehr für das nostalgische Seebad Opatija mit seinen vanilleeisgelben Villen. Hier verbrachte schon der K.u.k.-Adel aus Wien oder Budapest gerne die Wintermonate. Wirft man einen Blick in die Kuchenvitrine des Caffè Wagner, fühlt man sich in die alte Zeit zurückversetzt: Sachertorte! Die Königin aller Schokoladenkuchen ist schon lange das Aushängeschild des Cafés, das nach dem berühmten Komponisten Richard Wagner benannt wurde. Dort wird sie großzügig mit dunklem Zartbitterschmelz ummantelt, auf einer feinen Schicht Aprikosenmarmelade. Sticht man mit der Kuchengabel hinein, ist der Teig so wunderbar locker und saftig, dass man aus dem Schwärmen gar nicht mehr rauskommt. Das Wagner ist ein klassisches Wiener Kaffeehaus mit Stuckdecke und Kristalllüstern im Erdgeschoss des Luxushotels „Milenij" (Millenium). Doch nicht das traditionsreiche Interieur ist es, welches die Stammgäste anlockt, sondern die Seeterrasse. Dort sitzt es sich wunderbar mit direktem Blick auf die vornehme Flaniermeile Lungomare, die das Ufer säumt. Natürlich hat dieser Blick auch seinen Preis.

Der Habsburger Adel ließ sich die Sachertorte übrigens mit der Südbahn direkt aus Wien anliefern. Von der Station Opatija-Matulji ging es mit der Kutsche die letzten Kilometer an die Küste hinab, wo die feinen Kuchen im Juraj-Sporer-Pavillon – ganz in der Nähe des Caffè Wagner – verzehrt wurden. Heute wird die Sachertorte längst schon im Hotel selbst gebacken, doch an den alten Traditionen hält man fest: Kellner in Schwarzweiß grüßen höflich, und irgendwie fehlt nur noch ein charmanter Handkuss, um das großartige Erlebnis abzurunden. Ein Glücksort für Nostalgiker!

TIPP

Am schönsten ist es im Frühjahr. Wenn anderswo noch Schnee liegt, kann man hier schon die ersten Sonnenstrahlen genießen – mit Meerblick!

Caffè Wagner im Amadrija Park Hotel Milenij, Ulica Maršala Tita 109, Opatija, Kroatien, Tel. +385 51 20 20 00, www.amadriapark.com/de/bars-cafes/caffe-wagner

ÖPNV: Ab Rijeka Bus 32, Haltestelle Autobusni kolodvor (Busbahnhof) Opatija, 4 Minuten Fußweg

Schnappatmung statt Hallo

29 *Der Teich von Medulin*

Ein dichter grüner Teppich bedeckt den Teich, dazwischen hellrosa Farbtupfer: Seerosen, wunderbar blühend! In einer Wohngegend mitten in Medulin, westlich von Pula. Das Ufer des Teichs säumen ein paar Bänke unter schattigen Trauerweiden, die mit ihren herabhängenden Ästen fast das Gras berühren. Der kleine Teich von Medulin, „Medulinska lokva“, hat eigentlich gar keinen Namen. Es ist jedoch ein besonderer Ort, an dem es so wunderbar lebhaft zugeht. Stundenlang könnte man dort die Tierwelt beobachten: Mal schwimmt eine Entenfamilie vorbei, dann schaut ein Reiher am Ufer unbeweglich, ob er vielleicht einen Fisch als Mittagsmenü erspäht. Karpfen soll es dort auch geben, die mal ein Einwohner aus Slawonien mitgebracht und hier angesiedelt haben soll. Plötzlich bewegt sich die Wasseroberfläche, und ein winziges grünes Köpfchen ragt heraus: eine Schildkröte! Neugierig schaut sie aus dem Wasser, um gleich wieder unterzutauchen. Manchmal sonnt sich eine von ihren Artgenossinnen auf einem Stein. Ein paar weiße Schwäne haben beschlossen, eine Parade zu veranstalten – und marschieren munter am Ufer entlang. Was für ein Aufruhr! Ein wirklich lebhafter Ort, so schön, dass man hier den ganzen Tag verbringen könnte. Früher soll der Teich einmal mit dem Meer verbunden gewesen sein: Der Mix aus Salz- und Süßwasser gefiel sogar Aalen, die die Meduliner gerne gefischt haben. Das ist lange her: Heute ist hier nur noch Süßwasser, in der Teichmitte misst man sogar sieben Meter Wassertiefe, und die Angelrute muss zu Hause bleiben. Wer mit Kindern unterwegs ist, findet auf der anderen Straßenseite einen kleinen Spielplatz. Die Meduliner mögen diesen Ort: Sie haben ihm sogar eine eigene Facebook-Gruppe gewidmet, in der man beobachten kann, wie die kleinen Enten wachsen oder was sich sonst noch so tut – wenn man gerade nicht dort ist. Ein echter Glücksort zum Auftanken – mitten im Wohngebiet.

Medulinska lokva, an der Kreuzung Regi/Saraje, Medulin, Kroatien
ÖPNV: Ab Pula Busbahnhof Bus 25; Busbahnhof Medulin, 10 Minuten Fußweg

Ein Meeresgott im Hinterhof

30 *Der Neptun-Tempel in Poreč*

Auftanken kann so einfach sein: Nur wenige Schritte vom belebten Trg Marafor, mitten im umtriebigen Poreč, findet sich eine Oase der Ruhe. Noch dazu eine antike wie aus dem Geschichtsbuch: Die Reste eines römischen Tempels, der 2000 Jahre alt ist und dem Meeresgott Neptun geweiht war. Er soll zu den größten in Istrien gehört haben, auch wenn heute nicht mehr allzu viel von ihm übrig ist: Alte Mauerstücke, Säulenstümpfe mit Kapitellen und mächtige Steinblöcke tun sich hier auf – eine kleine, aber feine Schatzkiste der Vergangenheit. Was fasziniert, ist die Lage: Mitten in einem Hinterhof mit grüner Wiese, in dem laue Meeresluft die Wäsche auf der Leine umspielt und sich ein paar Katzen verschlafen in der Sonne räkeln, findet man all diese steinernen Zeitzeugen der Vergangenheit. Kein Eintritt, nur eine Tafel, die dem Besucher erklärt, wie bedeutend der antike Tempel war. Das überrascht und inspiriert zugleich. Nicht wenige Besucher dürften diesen Ruheort eher zufällig finden: Sie lassen sich über das antike Straßenpflaster von Poreč treiben, mit mächtigen Quadern, die noch aus römischer Zeit stammen. Überhaupt ist das architektonische Erbe der Römer in der Stadt noch allgegenwärtig: Decumanus und Cardo, die beiden Hauptachsen, die quer durch die Stadt verlaufen, begegnen einander im rechten Winkel in bester römischer Bauweise, wie damals vor zwei Jahrtausenden gebaut wurde. Irgendwann gelangen die meisten Besucher beim Bummel vermutlich zum Trg Marafor mit seinen gut besuchten Cafés und Restaurants, dem früheren Forum und Hauptplatz der Stadt. Zwischen den Häusern durch, und schon steht man mitten in dieser Oase der Stille. Es ist wunderbar ruhig, abseits des Rummels. Besonders romantisch ist es am Abend, wenn Licht die antiken Reste in warme Farben taucht. Dann kann man immer noch zwischen Säulenresten und Ruinenwänden umherlaufen. Wer möchte, lässt sich hier nieder und tankt frische Kraft, die man an manchen Sommertagen in Poreč gut braucht. Süßes Nichtstun mitten in der Stadt – das geht hier perfekt!

TIPP **Die UNESCO-gekrönte Euphrasius-Basilika mit ihren antiken Mosaiken ist ein Fest für die Sinne!**

Neptunov hram, zwischen Trg Marafor und Uferpromenade, Poreč, Kroatien

Kunterbuntes Sammelsurium

31 *Das Retro-Kaufhaus Korzo in Rijeka*

Der Korzo ist Rijekas Shoppingmeile: mit großen Werbetafeln, Jugendstilpalästen und Straßencafés mit hohen Fenstern. Dazwischen drängt sich ein mausgrauer Kasten ohne Fenster: das „Korzo", so der orangefarbene Schriftzug an der Fassade des Retro-Kaufhauses. Klobige sozialistische Bauweise, nicht gerade einladend. Sollte man dem ersten Eindruck eine zweite Chance geben? Im Erdgeschoss eine Überraschung: Dort kann man sich die Nase am Schaufenster plattdrücken, wo stylische Stoff-Sneakers, Startas, auf Pappkartons präsentiert werden. Die Treter gab es schon zu jugoslawischen Zeiten, nur nicht so bunt – sondern in zwei Einheitsfarben, weiß und blau. Überhaupt verspricht das Korzo eine Zeitreise: Wie viele mögen es sein? Ein oder zwei Dutzend? Auf alle Fälle drängen sich einige kleine Stände im Erdgeschoss, ohne Trennwände und Türen. An einem Stand mit Glasvitrine werden kroatische Süßigkeiten abgewogen: Die Nougatpraline „Bajadera" ist Kult, ihr Vintage-Design hat sich seit Jahrzehnten nur unmerklich verändert. Am Stand gegenüber gibt es geblümte Handtücher, für echte Retro-Fans. Eine Rolltreppe surrt nach oben: Völlig unerwartet, zwischen Plastikbaggern und Plüschkatzen, wartet dort das große Shopping-Glück in der Boutique „Pupa": kroatische Designerkleidung, alles Unikate. Ein schräger Rocksaum, aufgesetzte karierte Taschen, gestreifte Paspeln oder ein Materialmix aus Cord, Baumwolle und Co. – kunterbunt kombiniert. Das Beste: sehr faire Preise! Die nette Verkäuferin verspricht, dass bei diesen lockeren Schnitten kein Zupfen und Zurechtzurren erforderlich ist. Alles sitzt wie angegossen – wo gibt es das sonst? Dann surrt die Rolltreppe erneut nach oben, an italienischen Lackballerinas für kleine und große Mädchen vorbei (Kreditkarte nicht vergessen!) geht es zum Espresso ins versteckte Café mit Dachterrasse: Auf Höhe der Stadtuhr mit dem Habsburger Doppeladler schlürft man den vermutlich billigsten Espresso der Innenstadt in Vintage-Rattanmöbeln – und die Zeitreise ist perfekt.

Robni magazin Korzo, Trg Ivana Koblera bb/Korzo, Rijeka, Kroatien
ÖPNV: Bus 1, 2, 8, Haltestelle Trg RH bzw. Riva

CENTA
TOP SPORT
% TOP POPUST % TOP POPUST %

Ein Bad im Kessel

32 *In Kotli in Steintrögen im Fluss dümpeln*

Ganz gleich, ob man Gulasch oder Wäsche darin kocht: Kessel sind Kessel und heißen auf Kroatisch „kotli". In Istrien kann man sich sogar hineinlegen und das kühle Wasser genießen. Nicht überall, aber zumindest in Kotli, einem winzigen Weiler in der Nähe von Hum. Eine schmale Straße schlängelt sich dorthin, geparkt wird vor einer winzigen Brücke über die Mirna. Schaut man nach unten, wird klar, was es mit den Kesseln auf sich hat: Die Mirna hat im hellen Kalkstein im Lauf der Zeit kesselartige Vertiefungen ausgewaschen, die der Fluss mit Wasser füllt. Dabei ist – zumindest im Sommer – gerade mal so viel Wasser darin, dass die Steinkessel wie große Badewannen wirken. Im Sommer gibt es nichts Erfrischenderes, als den Bikini oder die Badehose anzuziehen und sich einfach in solch einen Steintrog mitten im Fluss zu legen. Dort kann man stundenlang herumdümpeln oder über Steine ans Ufer klettern. Wenn es nicht geregnet hat, führt die Mirna hier wenig Wasser, ist also kein reißender Fluss. Hat man dann am Abend genug herumgedümpelt, klettert man wieder hinauf. Bis zur konoba mit ziegelüberdachter Terrasse oberhalb des Flusses sind es nur wenige Schritte. Dort sucht man sich einen Platz auf einer rustikalen Holzbank mit Blick auf die alte Wassermühle. Und natürlich auf die Steintröge, in denen man den Nachmittag verbracht hat, und bestellt luftgetrockneten Schinken, getrüffelten Käse aus Kuh- und Schafsmilch. Alles regional hergestellt. Im „kotlić", so der kroatische Name für einen kleinen Kessel, aber auch für die konoba, verbringt man dann den Rest des Abends unter schattigen Reben. Schön romantisch. Ein paar Gäste sind mit dem Auto da, andere übernachten in den alten Natursteinhäusern oberhalb, die lange leer standen und nun Urlauber beherbergen. Und dann? Wer in Kotli bleibt, verbringt den kommenden Tag genauso. Und den übernächsten. Schließlich ist man im Urlaub, und nirgendwo sonst lässt es sich so herrlich entschleunigen.

TIPP

Zwischen Roč und Hum verläuft die „Glagolitische Allee" mit mächtigen Steinskulpturen.

Konoba Kotlić, Kotli, Kroatien, von Rijeka B44, bei Roč links Richtung Kotli, der asphaltierten Nebenstraße 6 Kilometer folgen

Schwebende Boote

33 *In Savudrija wird an Holzgestellen getrocknet*

Den Jahreskreislauf an der Adria erlebt man im Winter besonders intensiv: Dann bäumt sich das Meer an manchen Tagen auf, und Wellen peitschen gegen das Ufer. Wenn die bura, der Bora-Fallwind, pustet, schaukeln die Fischerboote ganz aufgeregt auf dem Wasser. In Savudrija, ganz im westlichsten Eck von Kroatisch-Istrien, tun sie das vielleicht ein wenig mehr als anderswo: Der Ort erstreckt sich auf einer kleinen Halbinsel, die weit ins Meer hineinreicht. Um ihre kleinen Holzboote zu schützen, haben sich die örtlichen Fischer etwas einfallen lassen: Statt sie im Wasser anzubinden, werden diese einfach aufgehängt! Dazu stehen feste Holzgestelle am Pier bereit, an denen die Boote direkt aus dem Wasser hinaufgezogen werden, wo sie in Ruhe trocknen können. Die schwebenden Boote wirken dabei fast magisch! Sie sind so bekannt, dass sie längst ein Markenzeichen von Savudrija sind – und sogar ins Wappen der Gemeinde aufgenommen wurden.

Kommt man am Nachmittag, sind vielleicht nur ein, zwei Boote da. Dafür springen Jugendliche direkt nebenan ins Wasser, und am flach abfallenden Strand spielen Kleinkinder mit Kieselsteinchen. Die meisten Badegäste hier sprechen Slowenisch, viele haben ein Ferienhäuschen in Savudrija oder sich auf dem Campingplatz direkt nebenan einquartiert. Ein ganz entspannter, sorgenfreier Badeort.

TIPP Der Leuchtturm auf dem Kap Savudrija ist gleich ums Eck!

Am Abend jedoch, bei Sonnenuntergang, wirken die schwebenden Fischerboote noch viel schöner: Dann hebt sich ihre dunkle Silhouette vom Meer ab, vor allem, wenn die Sonne das Wasser orangerot färbt. Was für ein Sonnenuntergangs-Sightseeing! Und wenn man sich an ungemütlichen Herbsttagen genau diese Fotos zu Hause anschaut, erinnert man sich gerne an diesen magischen Ort und den Farb-Zauber am Abend. Und weiß, dass es den hängenden Booten in Savudrija gut geht – immerhin sind sie auf dem Trockenen.

Plaža Savudrija, Savudrija, OT Bašanija, Kroatien, gleich neben dem Campingplatz Pineta

UM 212

Silberne Sardinen schlemmen

34 *Die Konoba Feral in Fažana*

Silbrig schimmern die gegrillten Sardinen auf dem Teller. Ein Biss – und Staunen: So frisch, so wunderbar zart! Überhaupt ist die Konoba Feral in Fažana ein Ort, der gut tut: Ein luftiges Atrium mit Blick auf den Sternenhimmel, Gläser glitzern in hölzernen Vintage-Anrichten, und direkt neben dem Tisch wachsen frischer Salbei und Rosmarin. Milorad Kostešić, den alle nur „Mike" nennen, pflückt gerade ein paar mediterrane Kräuter. Die braucht der Gastwirt in der Küche, um seine Sardinen schön würzig zu marinieren: in Weinessig, mit reichlich Kräutern und frischen Zwiebeln. Zwei Tage muss der gebratene Fisch in dem würzigen Sud ziehen – „na šavor". Doch das sei nur eine von 100 Arten, erklärt der Wirt und schenkt strohgelben istrischen Malvazija nach, der wunderbar zu Fisch passt. Selbst wer nicht jeden Tag Sardinen isst, merkt: Die zarten Fische, da muss es doch ein Geheimnis geben? Kostešić, der das Feral mit seinem Geschäftspartner in einer Seitenstraße von Fažana betreibt, winkt ab. Der Fisch müsse richtig frisch sein, mit Petersilie und leicht darüber geträufeltem Olivenöl verfeinert werden. Am besten würden die Sardinen im Mai oder Juni schmecken. Nicht zuletzt spiele die Größe eine Rolle, zumindest für die Bezeichnung: 36 bis 38 Stück „srdele" wiegen ein Kilo, sind die Fische kleiner, sind es „papaline", erklärt der Wirt. Seinen Fisch bezieht er ganz frisch von den Fischern aus Pula. In Fažana selbst wird heute nicht mehr gefischt. Zumindest nicht mehr im großen Stil wie früher, als die Stadt für ihre Sardinenfabrik bekannt war. Heute hat man den Sardinen jedoch ein Fest im Frühsommer gewidmet, bei dem man alte Techniken der Zubereitung und Konservierung erfährt. Wer das Fest verpasst, findet einige Sardinen an der Uferpromenade – als Skulpturen. Dahinter erstreckt sich ein kleiner Park mit Olivenbäumen – eine wunderschöne mediterrane Kraftoase, perfekt für einen Spaziergang nach den köstlichen Sardinen im Feral.

TIPP

An der Mole von Fažana legen die Ausflugsschiffe in den Nationalpark Brijuni ab – ein Naturparadies!

Konoba Feral, Boraca 11, Fažana, Kroatien, Tel. +385 52 52 00 40
www.restaurant-fazana.com
ÖPNV: Ab Pula Bus 21, Haltestelle Fažana

Flaniermeile für Verliebte

35 *Der Wellenbrecher Molo longo in Rijeka*

Der Molo longo gehört den Verliebten. Zumindest am Abend bummeln viele Paare auf Rijekas Wellenbrecher entlang, der das Hauptbecken des Hafens vor dem schäumenden Meer schützt. Das Panorama ist grandios: Von der 1,7 Kilometer langen Flaniermeile blickt man auf die ganze Stadtsilhouette – den Hafen mit seinen Schiffen, die Uferstraße mit ihren großen Palästen, aber auch die sozialistischen Hochhäuser und den Festungsberg Trsat. Alles, was Rijekas urbanen Puls und seine Vergangenheit ausmacht. Der Wellenbrecher führt unter zwei Kränen hindurch, die bei Dunkelheit in Lila, Gelb und anderen Farben leuchten. Am Ende erhebt sich ein kleiner Aussichtsturm. Eine blitzblank polierte Promenade wie in einem Badeort darf man hier nicht erwarten: Der Molo longo ist keine Puppenstube, sondern ein echter Wellenbrecher, mit allem, was ihn eben ausmacht: Schwere Schiffstaue, Fischernetze, die an der Hafenkante trocknen, und manchmal kann man dabei zuschauen, wie Luxusyachten blitzblank geschrubbt werden. Der Wellenbrecher gehört auch den Anglern auf ihren Klappstühlen, und gelegentlich sieht man eine Staffelei, auf der das urbane Panorama von Rijeka mit dem Pinsel festgehalten wird. Was den Molo longo so authentisch macht, sind die Details, die man hier findet – ein Paradies, wenn man gerne fotografiert! – und die viel vom Alltag einer Hafenstadt erzählen. Hier ist man mittendrin im Leben am Meer.
Die Einwohner von Rijeka lieben ihren Molo longo, nicht zuletzt, weil er so eine lange Geschichte hat: Er wurde bereits 1888 als „Molo Maria Theresia" in Betrieb genommen, später verlängert, und zu Beginn des vorigen Jahrhunderts gab es hier sogar ein Freibad, das zu den besten der K.u.k.-Monarchie zählte. Doch erst seit gut einem Jahrzehnt ist der Damm für alle geöffnet.
P.S. Rijeka ist übrigens die Stadt des Zeichentrick-Helden „Profesor Baltazar" (Professor Balthasar), der über 50 Jahre alt ist: Im Vorspann taucht eine Stadtsilhouette mit Hochhäusern auf, die Zeichner ließen sich dabei von Rijekas Panorama inspirieren. Die Serie lief vor einigen Jahren auch bei der „Sendung mit der Maus".

Molo longo, Riječki lukobran, Rijeka, Kroatien
ÖPNV: Bus 1, 2, 8, Haltestelle Riva bzw. Tržnica, 5 Minuten Fußweg

Flug ins Meer

36 *Die Möwenfelsen bei Pula*

Nur Fliegen ist schöner! Das sagt sich so sorglos, wenn man auf der gegenüberliegenden Seite der Galebove stijene steht – und einfach nur zuschaut. Die Möwenfelsen in Pulas westlichem Vorort Verudela sind nämlich der Lieblingsplatz der Klippenspringer: Steile Felswände, die bis zu zwölf Meter hoch aus der glasklaren Adria emporragen. Welch Farbkontrast! Darunter tut sich eine winzige Höhle auf, mitten im Wasser. Wer sich traut, stellt sich direkt an die Felskante, aber nur so weit, dass die Zehen ein wenig hinausragen – und gibt sich einfach der Schwerkraft hin: Einigen gelingt das ganz elegant, mit Kopf und Armen voraus, andere klatschen mit dem Hintern laut aufs Wasser, dass es nur so spritzt. Dann gibt es noch jene Klippenspringer, die einander an der Hand halten und fröhlich lachend gemeinsam ins Meer springen.

Wer schon mal mit zitternden Knien auf dem Zehnmeterbrett im Freibad stand und sich nicht getraut hat, zu springen, wird es hier vermutlich auch nicht tun. Und wer sich traut, der wird mit begeistertem Applaus der übrigen Badegäste belohnt.

Man kann den anderen einfach nur zuschauen, indem man seine Liegedecke auf den mächtigen Felsplatten in der kleinen Bucht ausbreitet. An ganz heißen Tagen kann man manchmal eine Hängematte erspähen, die sich zwischen zwei schattigen Kiefern spannt, im Rücken der Bucht – denn am Ufer kann die Sonne ziemlich brennen.

Was in die Badetasche muss? Eine Flasche Wasser, ein Sandwich oder ein wenig Obst – denn einen Kiosk gibt es an dem Naturstrand nicht. Und ein Schnorchel, denn hier lässt es sich prima Krebse und Fische entdecken, die sich in Felsritzen verstecken. Leider taucht auch der eine oder andere Seeigel auf, meist nicht in den Bereichen, in denen man stehen kann – doch mit Badeschuhen an den Füßen spart man sich unschöne Stacheln in der Haut.

Wer eine Kamera hat: Her damit, denn die Klippenspringer machen vor der Linse eine wirklich gute Figur! Und schon das Zuschauen schüttet Glückshormone aus.

Galebove stijene, Fižela, Pula, Kroatien, vom Parkplatz 10 Minuten Fußweg zu den Klippen

Der Nabel der Trüffelwelt

37 *In Livade wird der Edelpilz gehobelt*

Wer in Istrien essen geht, kommt kaum um sie herum: Trüffeln. Schwarz gibt es sie fast ganzjährig, weiß – etwas teurer – nur im Herbst. Die „tartufi" wachsen vor allem rund um Motovun und das Trüffelstädtchen Buzet, aber auch anderswo. Der Suchtfaktor ist hoch! Frische Trüffeln werden in Istrien auf so ziemlich alles gehobelt, was auf den Tisch kommt: Auf Steaks vom istrischen Ur-Rind Boškarin, auf hausgemachte njoki/Gnocchi oder typisch istrische Nudeln wie pljukanci, auf Omelett und – das macht richtig glücklich – auf Eiscreme! Mit einem Hauch Olivenöl und Lavendel verfeinert erlebt man ein echtes Geschmackserlebnis. Sobald das Eis den Gaumen erreicht hat, sendet es den Impuls ans Gehirn, dass man sich doch schon immer mal nach einem Natursteinhaus in Istrien erkundigen wollte, um dort den lieben langen Tag nur Trüffeln zu essen. Seufz! Doch erst einmal müssen die Edelpilze gefunden werden: Rund 2000 Trüffelsucher gibt es im kroatischen Istrien, die mit ihren Hunden in die Wälder ziehen, um die Knolle im Unterholz aufzuspüren. Mit einigen Anbietern kann man sich sogar auf die Trüffelsuche begeben. Wen es nach Livade zieht, ein Dörfchen unterhalb von Motovun, wird am Kreisverkehr von einem Trüffeldenkmal begrüßt. Dort hat man die Wahl: Ein mehrgängiges Menü im Restaurant Zigante oder im dazugehörigen Shop nebenan ein wenig Trüffelpesto, -öl oder -honig? Zigantes Hündin Diana fand 1999 den bislang weltgrößten Trüffel, der stolze 1,3 Kilogramm wog. Das ist Weltrekord! Oder soll es doch das schlichtere, aber nicht schlechtere Gasthaus Tartuf gegenüber sein? Dort gibt es jenes unvergessliche Eis mit einem Hauch Trüffeln. Eine Geschmacksexplosion auf der Zunge! Wofür man sich auch entscheidet: Trüffeln sind mehr als nur Essen, sondern Seelennahrung – und gelten sogar als Aphrodisiakum. Ausprobieren kann man das an jedem Herbstwochenende, bei der Trüffelmesse (Dani tartufa Zigante) in Livade: Die Koch-Events, Verkostungen und Trüffelaktionen sind ein echtes Highlight zwischen Mitte September und Mitte November (www.sajamtartufa.com).

TIPP

Die Trüffel-Spezialitäten von Zigante gibt's auch in vielen Feinkostläden.

Restaurant Zigante, Livade 7, OT Livade, Kroatien, Tel. +385 52 66 43 02, www.restaurantzigante.com

Gostionica Tartuf, Livade 5, OT Livade, Kroatien, Tel. +385 9 15 68 37 04

LIVADE
World Truffle
Center

Eine ländliche Schönheit

38 *Am Wasserfall Sopot bei Floričići*

Mal ehrlich: Kann man sich an Wasserfällen jemals sattsehen? Das gleichmäßige Rauschen und Schäumen inspiriert und ist irgendwie immer ein guter Ort zum Loslassen. Das gilt auch für den Wasserfall Sopot in der Mitte Istriens: Er fällt schnurgerade und haushoch hinab, knapp 25 Meter tief, um in einen kreisrunden Gumpen zu münden. Das Wasser, das sich in diesem Felsbecken sammelt, in dem Frösche und Fische leben, wirkt bei Sonnenschein fast magisch: Das helle Gestein bricht die Lichtstrahlen, und das Wasser schimmert wunderbar smaragdgrün – ein echter Farbenzauber!

Wer gerne fotografiert, findet oberhalb ebenfalls ein wunderschönes Fotomotiv: Dort spannt sich eine steinerne Bogenbrücke schon seit Napoleons Zeiten über das Flussbett. Das Bauwerk macht seinem Namen alle Ehre: „Višestoljetni most", auf Deutsch Mehrhundertjährige Brücke. Früher verband sie die umliegenden Dörfer, an die oftmals nur noch Mauerreste erinnern, mit der größeren Ortschaft Pićan. Der Jahreskreislauf verwandelt den Wasserfall: In trockenen Sommern ist er oftmals nur ein kleines Rinnsal. Im Herbst jedoch, nach starken Regenfällen, schwillt der Fluss an. Manchmal so sehr, dass die sorglose Zeit der Steinbrücke zu Ende ist und sie mitgerissen wird. Glücklicherweise passiert das nur selten, letztmals 1953, heißt es auf einer Holztafel.

So verführerisch das Wasser in der Tiefe schimmert, dass man am liebsten eintauchen möchte – so akrobatisch ist der Abstieg. Zwei Aussichtspunkte gibt es: Der eine ist dem slawischen Gott der Gewitter, der Blitze und des Donners geweiht – Perun. Der andere nach der Muttergöttin Mokoš, die für die Weiblichkeit zuständig ist. Da begnügt man sich lieber mit dem Von-oben-Blick, der auch für Herzklopfen sorgt.

P.S. Wer mag, schnürt die Wanderstiefel und marschiert von Pićan in den Weiler Gračišće. Der drei Kilometer lange Wanderweg des Heiligen Rochus („Staza Svetog Roka") führt am Wasserfall vorbei – und war schon zu römischen Zeiten eine Straße.

Slap Sopot, Pićan, beim OT Floričići, Kroatien, von Pazin nach Plomin Ausschilderung folgen, bei den letzten Häusern parken, 400 Meter Fußweg bergab

Kronprinzessin auf Wellen

39 *Das Botel Marina in Rijeka*

Entlang der Riva, der Hafenmeile von Rijeka, wird gehupt, geparkt und gebummelt. Auf mächtigen, blankpolierten Pflastersteinen geht es direkt am Wasser entlang. Dann steht man vor einem ganz besonderen Schiff: Marina. Der alte Frachter liegt hier vor Anker, mit einem dicken Tau am Pier festgeknotet. Früher fuhr die Marina in Skandinavien zur See, genauer genommen ab 1936, als sie noch „Kronprinzessin Ingrid" hieß. Das ist lange her. Seit ein paar Jahren verbringt das Schiff seinen Lebensabend im warmen Süden, als Botel, einem Kunstwort aus Boot und Hotel. Die Brücke führt direkt von der Hafenkante in den Schiffsbauch hinein, und schon wird man an der Rezeption freundlich begrüßt. Eine Wendeltreppe windet sich in die Chill-Ecke hinauf, in der man es sich auf Europaletten mit dicken Polsterkissen bequem machen kann. Der Weg ins Zimmer – pardon, in die Kajüte des Hotelschiffs – ist einfach zu finden: Eine blaue Stahltür führt zu den Mehrbetträumen mit Stockbetten, die Möbel sind dort blau. Die grüne Zone markiert die Doppelzimmer: Schrank, Tisch, Stuhl und Teppich in der Kajüte leuchten grün. Durch Bullaugen fällt Licht herein. Wer mehr Sonne mag, macht es sich auf dem Außendeck bequem, wo Liegestühle direkt neben dicken Schiffstauen warten. Es ist ein wirklich spannender Mix, wie moderne Inneneinrichtung mit altem Frachtercharme kombiniert wurde. Wenn es dunkel wird, gönnt man sich einen Cocktail in der Schiffsbar oder ein leckeres Abendessen auf dem Restaurantdeck, mit Blick auf das Lichtermeer an der hell erleuchteten Riva und die aufblitzenden Autolichter. Als Rijeka 2020 den Titel „Europäische Kulturhauptstadt" trug, wurde die Marina kurzerhand rot-weiß gestrichen und erinnert mit der Jahreszahl an diese Auszeichnung. Das Beste am Botel Marina ist jedoch, dass man nicht seekrank werden kann. Nachts wird man nur ganz leicht in den Schlaf geschaukelt, hat dennoch ein Kreuzfahrt-Feeling – nur eben kerosinfrei und besser für den grünen Fußabdruck.

TIPP Pizza und Cocktails gibt es im Boonker, wenige Schritte entfernt im Hafen. www.boonker.hr

Botel Marina, Riva, Rijeka, Kroatien, Tel. +385 51 41 01 62
www.botel-marina.com

Bus 1, 2, 8, Haltestelle Riva oder Fernbusbahnhof Žabica, 5 Minuten Fußweg

Am Knick von Istrien

40 *Von Kastav aus das Panorama genießen*

Was ist aufregender? Das Panorama der Kvarner Bucht am Tag oder in der Nacht? Beides? Einer Antwort darauf kommt man vermutlich im Bergstädtchen Kastav näher. Die Landstraße windet sich westlich von Rijeka steil hinauf, das alte Stadttor von Kastav bleibt rechter Hand liegen, die Fortica unterhalb ist das Sehnsuchtsziel, wenn es um das Kvarner-Panorama geht. Ein Lieblingsplatz mit Holzbänken, die von verschnörkelten Füßen getragen werden, und Kastanienbäumen, die mit ihrem Blätterdach Regentropfen auffangen und Schatten spenden. Auf der Fortica lässt man das Panorama am besten einfach auf sich wirken: Der Blick fällt auf den Knick, den die Halbinsel Istrien macht, um langsam in die Vororte von Rijeka zu münden. Hoch über der Riviera von Opatija erhebt sich das Učka-Gebirge, das die Bucht vor kühlen Winden schützt. Bei Tag – das ist ein Pluspunkt – erkennt man sogar die Villen am Lungomare, die einen unverstellten Blick aufs Meer haben. Bei Nacht, auch ein Pluspunkt, schimmern und blinken die Lichter von Rijeka im Osten und lassen die Stadt wie eine urbane Metropole wirken. Herzklopfen! Geradeaus scheint die Insel Cres mit felsgrauen Steilhängen und ihrer grünen Macchia zum Greifen nahe – zumindest am Tag. Und das Meer? In Vollmondnächten spiegelt sich der Lichtstrahl auf den Wellen. Doch was ist, wenn der Mond nicht am Himmel steht? Dann wirkt die Adria – oder das, was man dann von ihr sieht – wie eine glatte schwarze Scheibe. Bei Sonnenschein schimmert das Meer hingegen wunderbar türkisfarben, ein Pluspunkt für das Panorama bei Tageslicht. Doch was ist mit jenen Stunden, in denen sich der Tag verabschiedet und die Nacht hereinbricht? Dann tut sich ein wahrer Farbenzauber auf – bei Sonnenuntergang erlebt man magische Momente. Gilt das nun als Punkt für den Tag oder für den Abend? Beides! Unentschieden! Denn eigentlich ist das Panorama hier oben immer einzigartig …

TIPP

Das Kukuriku in Kastav gehört zu den bekanntesten Slow Food-Tempeln in Kroatien. www.kukuriku.hr

Vidikovac Fortica, Kastav, Kroatien, unterhalb des Trg Matka Laginje (neben der Oštarija Fortica)
ÖPNV: Bus (ab Rijeka) 18, 18b, 18c, Haltestelle Kastav centar

Glas-und-Stahl-Nostalgie

41 *Die Markthalle in Pula*

Ein lichtdurchfluteter Bau aus Glas und Stahl – so elegant wirkt die alte Markthalle von Pula, die noch aus österreichisch-ungarischen Zeiten stammt. Ausladende Steintreppen schwingen sich von außen hinauf.
Das Obergeschoss der luftdurchfluteten Markthalle säumen nostalgische Straßenlaternen, Stehimbisse und Cafés. Ein paar ältere Männer schlürfen ein Glas Malvazija, den typisch istrischen Weißwein. Über ihnen passt eine junge Dame mit Stehkragen und Hutkrempe auf: Die Skulptur erinnert an die Zeit, als die Markthalle entstand. Damals war die gewölbte Glas- und Stahlkonstruktion, die 1903 fertig gestellt wurde, eine architektonische Perle – und ist bis heute wunderbar nostalgisch, so dass das Einkaufen dort richtig Spaß macht.
Die Fischhalle im Erdgeschoss ist ein Erlebnis: Dort liegen Wolfsbarsch, Roter Drachenkopf, Garnelen, Langusten und Muscheln in großen Kisten auf zerstoßenem Eis. Silbrig glänzende Sardinen wandern für umgerechnet drei Euro pro Kilo zum Kunden. Alles frisch, wie es das Meer an diesem Tag hergibt – oder auch mal nicht. An Heiligabend spendieren Stadt und Fischmarkt gegrillte Rotbarben, dazu spielt eine Band auf – so wird das „Warten aufs Christkindl" in Pula verkürzt, ganz ohne Schnee, dafür mit reichlich milder Luft.
Schlendert man an den Ständen auf dem Vorplatz im Freien vorbei, möchte man am liebsten zugreifen. Vor allem im Sommer, wenn die Gärten alles hergeben: Zuckersüße Cocktailtomaten, frische Feigen oder „žižule", eichelförmige, süße Früchte, die als Chinesische Datteln bekannt sind.
Der Markt ist auch ein prima Ort für Naturprodukte, die den Sommer zu Hause verlängern: Akazienhonig, Lavendelsäckchen, Trüffeln, Knoblauchkränze mit roten Peperoni, Walnusslikör, aber auch Olivenöl – alles aus Istrien, von regionalen Erzeugern hergestellt. Den selbstgekochten Ajvar, würzige Paprikapaste, die zu Ćevapčići gereicht wird, gibt es in Schraubgläsern. An der Käsetheke werden üppige Scheiben „Paški sir" abgeschnitten, dem wohl berühmtesten kroatischen Käse von der Insel Pag, mit unverwechselbar würzigem Geschmack – ein Fest für die Sinne!

Tržnica Pula, Narodni trg 9, Pula, Kroatien, www.trznica-pula.hr
ÖPNV: Bus 4, 6, Haltestelle Tržnica

der MARKT

Entspannung in der Antike

42 *Moderner Archäologiepark Vižula in Medulin*

Schaukel, Wippe und viel Schatten: Alles da für die Kleinen. Am Kiosk gibt es eiskalte Limo, um einen Picknicktisch gruppieren sich quadratische Sitzwürfel. Ein perfekter Nachmittag für die Kleinen und die Großen. Ups. Eigentlich ist man ja gar nicht zum Chillen hergekommen, sondern um Archäologie zu bestaunen: Auf der Halbinsel Vižula bei Medulin gibt es nämlich nur wenige Schritte vom Meer entfernt jede Menge antike Ausgrabungen: Die Grundmauern einer großzügig geschnittenen römischen Villa mit Marmormosaiken reichen sogar bis zum Wasser hinunter, da der Meeresspiegel im Lauf der Jahrhunderte stieg. Die Überreste einer antiken Mole zeugen vom Handel, der hier schon früh betrieben wurde. Die ganze Halbinsel wurde jedoch erst vor wenigen Jahren aufgehübscht: Spazierwege am Meer entlang werden abends sanft beleuchtet, überall laden modern gestaltete Bänke – mit WLAN-Hotspot – ein, eine Pause zu machen. Wer Gadgets mag, leiht sich am Eingang eine VR-Brille aus, mit der man die Gegenwart mithilfe von Augmented Reality erweitert erleben kann. Ein mit Sensoren ausgestatteter Baum, ein E-Tree, informiert, ob er gerade Wasser braucht. In einem antiken Garten wächst alles, was schon seit Jahrtausenden typisch für die istrische Vegetation ist: Olivenbäume mit silbrig-grünen Blättern, geduckte Feigenbäume, würziger Rosmarin, Salbei und Lavendel – umsäumt von einem Ring aus Cortenstahl in moderner Edelrost-Optik. In erster Reihe, mit unverstelltem Meerblick, spenden große Baumkronen Schatten: Eine junge Frau liest dort ein Buch, eine Familie lässt ihr Baby auf einer Decke krabbeln – eine echte Kraftoase, nur wenige Schritte von antikem Fundament entfernt. In einem alten Steinbruch wurde eine Bühne aufgestellt, wo ab und zu Events stattfinden. An heißen Nachmittagen ist es schön ruhig, die meisten Urlauber sind am Strand. Abends kommt mehr Leben in die Parkanlage Vižula: Dann drehen die Meduliner hier ihre Runden. So macht Archäologie allen Spaß!

TIPP

In Medulin gibt es einen Sandstrand, Bijeca. Er ist 1,5 Kilometer lang und fällt flach ab. Perfekt für Kleinkinder!

Arheološki park Vižula, Medulin, Kroatien
www.medulinriviera.info
ÖPNV: Ab Pula Busbahnhof Bus 25, Haltestelle Medulin, 10 Minuten Fußweg

Ein Fischparadies am Hafen

43 *Die Konoba na kantunu in Rijeka*

Fisch zum Frühstück? Aber nicht doch! Eine „marenda" hat nichts mit Erdbeermarmelade, Toast und Müsli zu tun. Das italienische Wort bezeichnet ein deftiges Frühstück, das eher eine Art frühes Mittagessen ist. Das kann ein Eintopf sein oder Sardinen mit Weißbrot. Ursprünglich war die marenda für die Arbeiter gedacht, die dann schon ein paar Stunden auf den Beinen waren: Sie wird schnell serviert, für wenig Geld. In Rijeka ist die „Konoba na kantunu", wörtlich die Taverne am Eck, der perfekte Ort für eine marenda: Dort kann man sogar bis 17 Uhr köstliche Sardinen mit Weißbrot bestellen, dazu passt ein Glas Malvazija. Der Fisch ist zart, nur leicht in Öl geschwenkt, und schmeckt so gut, dass man sich vornimmt, nie wieder etwas anderes zu essen. Vielleicht ist es sogar der beste Fisch in der ganzen Stadt! Am schönsten ist es dort im Sommer: In einem schweren Gitterstuhl, unter einer Art schattigem Carport, sitzt man dann direkt am „Mrtvi kanal", dem Toten Kanal. Der Meeresarm zieht sich von der Adria in die Stadt hinein, auf ihm schaukeln unzählige kleine Boote. Gut, die Ecke ist nicht sonderlich romantisch, sondern könnte einen neuen Anstrich vertragen, doch das gehört irgendwie zum Charme der Hafenstadt dazu. Rijeka hat erst vor wenigen Jahren begonnen, sich zu wandeln: Der Blick fällt auf das klobige Exportdrvo-Holzlager auf der gegenüberliegenden Kanalseite, das sich im Europäischen Kulturjahr 2020 als kreative Bühne zeigte. Ein Gabelstapler surrt über die grüne Brücke, die so niedrig ist, dass die Bootsbesitzer immer den Kopf einziehen müssen, wenn sie aufs Meer hinaus und unter der Brücke durchfahren wollen. Der freundliche Kellner bringt noch ein paar Eiswürfel für den Wein. Irgendwie will man gar nicht weg. Muss man auch nicht, denn hier wird nicht nur Marenda serviert, sondern am Abend kann man sich quer durch die „große" Fischkarte schlemmen: Wie wäre es mit Oktopus-Salat, frischem Wolfsbarsch oder Dorade auf dem Grill – alles zum Niederknien lecker!

TIPP Der Fischmarkt in der alten Jugendstil-Markthalle ist gleich ums Eck! Morgens ist die Auswahl am größten.

Konoba na kantunu, Demetrova ulica 2, Rijeka, Kroatien, Tel. +385 51 31 32 71
ÖPNV: Bus 1, 2, 8, Haltestelle Fiumara; Bus 8 auch Haltestelle Titov trg

Trip ins Steinzeit-Dörfchen

44 *Die Bronzezeit-Siedlung Monkodonja bei Rovinj*

Im Jetzt leben? Klar ist es gut, einen Halt im Hier zu haben. Manchmal kann ein Ausflug in die Vergangenheit jedoch auch sehr inspirierend sein. In der alten Bergsiedlung Monkodonja, unweit von Rovinj, ist er das auf alle Fälle: Der Ort, auf einem sanften Hügel gelegen, stammt noch aus der Bronzezeit. Ein Feldweg zweigt von der Hauptstraße ab, führt an Maispflanzen vorbei, das Auto bleibt nach einem Kilometer am Wegrand zurück. Erklimmt man den Hügel wenige Meter hinauf, findet man sich mitten in der Steinzeit wieder. Monkodonja, eine ovale Siedlung so lang wie zweieinhalb Fußballfelder – ist ein Paradies auf der grünen Wiese mit vereinzelten Bäumen, frei zugänglich, und nur vereinzelte Besucher. Der Ort macht auch Kindern Spaß: Man kann dort prima von Stein zu Stein springen, auf mächtigen Mauerresten balancieren und versuchen zu erraten, was das einmal für ein Gebäude gewesen sein könnte – sich ganz bewusst in die Steinzeit versetzen. Hier die Akropolis ganz oben auf der Hügelspitze, die von einer dicken Mauer umsäumt war, dort die Wohnhäuser – oder das, was heute noch davon übrig ist. Meist sind es nur riesige Steinquader, die früher einmal das Fundament waren und einen staunen lassen – so mächtig sind sie. Wer da mal gelebt haben mag? Innerhalb des Mauerrings wohnten die Wohlhabenden, schätzen Archäologen, die dort Scherben und Metall gefunden haben. Insgesamt waren dort etwa 1000 Menschen zu Hause. Dächer oder Türen, eine richtige Siedlung eben, darf man freilich nicht erwarten. Höchstens einen Steinbogen, das frühere Stadttor. Reicht das zum Glück? Ja, die Stille und der Ausblick vom grünen Hügel, der bis zum Meer reicht, das sich in der Ferne abzeichnet, sind einfach wunderbar – ein spannender Ort, um Geschichte live zu erleben und über vorzeitliche Baukunst zu staunen.

Monkodonja, Kroatien, an der Landstraße 5096 nach Bale, 6 Kilometer östlich von Rovinj

Der perfekte Bilderrahmen

45 *Die alte Stadtloggia von Novigrad*

Wenn es in Novigrad einen Ort gibt, der wie ein romantisches Wandposter wirkt, dann ist es die alte Stadtloggia „Belveder“ (Belvedere). Sie macht ihrem Namen alle Ehre: Tritt man hinein, liegt einem das Meer zu Füßen! Dazu passiert man einen der drei Rundbögen, die sich zur Straße hin öffnen. Ein Walmdach auf der Loggia neigt sich in alle vier Himmelsrichtungen und verleiht ihr fast ein herrschaftliches Flair. So winzig die Loggia auch sein mag – man kann sie mit fünf, sechs Schritten durchqueren – so majestätisch wirkt sie! Freilich hatten die Baumeister im 16. Jahrhundert nichts mit Urlaubs-Selfies vor Meereskulisse am Hut, als sie den magischen Ort auswählten. Sie dachten vermutlich zunächst einmal an die strategisch günstige Lage direkt am Meer. Wollte ihnen jemand zu nahe rücken, konnten sie ihn von hier aus beizeiten erspähen. Näher als diese grenzt nämlich keine andere Stadtloggia in Istrien ans Meer. Die Wellen schwappen direkt gegen ihr Fundament, und wäre sie ein Mensch, hätte sie ständig nasse Füße –im Sommer sehr erfrischend! Die Loggia rahmt nicht nur Sommerfotos vor türkisfarbenem Meereshintergrund ein, sondern ist auch ein Zauberort für klassische Konzerte am Abend. Ein steinerner Bogen, Porta a marina, öffnet sich nebenan: Er führt direkt am Wasser entlang, zu schmalen Stränden, auf denen man sein Handtuch vor malerischer Kulisse ausbreiten kann. Im Wasser sammelt man frische Kraft, mit unverstelltem Blick auf die Loggia und die alte Stadtmauer – so geht schöner baden. Überhaupt wirkt die Mauer, die stellenweise Zinnen aufgesetzt bekam, wunderbar fotogen. Es lohnt sich, ihr zu folgen, immer am Meer entlang. Die Stadtmauer umsäumte früher die gesamte Insel von Novigrad, die erst im 18. Jahrhundert aufgeschüttet und mit dem Festland verbunden wurde. Bei einem Rundgang am Meer entlang kann man das mächtige Bollwerk, das erstaunlich gut erhalten ist, überall noch bestaunen. Da klopft das Herz vor Begeisterung!

TIPP

Cappuccino mit Hafenblick zu Chillout-Musik in der Cafe & Wine Bar Vitriol, Ribarnička ulica 6.

Gradska loža, Belveder ulica/Ulica Torči, Novigrad, Kroatien

Walnusslikör & Wikingerflair

46 *Die Verkaufsstände am Limski kanal*

So muss es in Norwegen aussehen: Ein Fjord mit grünen Steilhängen schneidet sich ins Landesinnere, wird von Meerwasser umspült. Das müssen sich auch die Produzenten gedacht haben, als sie den Film „Vikings" in den 1960er-Jahren kurzerhand an der Westküste Istriens ansiedelten. Genauer gesagt, am Limski kanal, der kein echter Fjord ist. Doch das tut nichts zur Sache an diesem Ort, der die Abenteuerlust schürt: Die Trasse schlängelt sich oberhalb des Meeresarmes vorbei, ab und zu blitzt das tiefblaue Wasser hervor. Das ist Urlaub für die Augen! Auf einem großen Parkplatz kann man auf einen Panorama-Turm hinaufklettern. Ideal für eine Verwöhnpause sind die bunten Stände unterhalb, die sich nebeneinander reihen: Alle sind mit regionalen Leckereien bis unters Dach gefüllt. Den ersten Stand, wenn man von unten kommt, betreibt Zdenka Starić. Sie war eine der Ersten hier oben und verkauft seit jugoslawischen Zeiten selbstgebrannten rakija. Ihren süßen Orahovac-Likör setzt sie selbst mit grünen Walnussschalen an, die Medica wird aus lokalem Honig gewonnen und ein echter Lieblingslikör ist der Teranino aus herbem istrischem Teran-Rotwein. Zdenka Starić schenkt ein wenig ein: Mit Nelken und Zimt verfeinert, schmeckt der Likör nach Weihnachten und ist selbst bei Sommerhitze ein echter Genuss. Zdenka Starić wird von ihren Liebsten unterstützt: Sohn und Schwiegertochter pressen köstliches Olivenöl, die buschigen Lavendelsträuße verkauft sie für eine Freundin. An ihrem Stand hängt ein alter Reiseführer auf Deutsch: Vor vielen Jahren war schon mal jemand da, der sie fotografiert hat – und ihre Kunden haben sie auf dem Foto erkannt. Die meisten kommen ohnehin jedes Jahr wieder, um kulinarische Köstlichkeiten bei ihr einzukaufen. Dann zeigt Zdenka Starić mit einer Handbewegung auf die tiefgrüne Bucht, die man unterhalb ihres Standes besonders gut überblicken kann – ein Fest der Sinne unter südlicher Sonne!

TIPP Frische Muscheln und Austern gibt es in den Restaurants „Viking" und „Fjord" am Ende des Limski kanal.

Limski kanal, Kroatien, Verkaufsstände entlang der Landstraße 5002, 10 Fahrminuten östlich von Vrsar, in Richtung Rovinj

Halb besoffen
DREAM

Felsenfester Liebesbeweis

47 *Der dienstälteste Leuchtturm an der Adria*

Es gibt Erscheinungen, die sind einem einfach vertrauter als andere: Dazu gehören Obatzda, Radi oder Kässpätzle – zumindest, wenn man in Bayern lebt. Das Meer ist weit und das Kopfkino spult viele Klischees ab, etwa, dass Leuchttürme grundsätzlich rot-weiß gestreift sind. Staunen in Savudrija, dem westlichsten Eck von Kroatisch-Istrien: Ein heller, einfarbiger Leuchtturm und von roten Streifen keine Spur! Hoch wie ein Wohnhaus, stolze 36 Meter, ragt er in den Himmel. Die mächtigen Dachziegel wirken, als würden sie jedem Wind standhalten. Das tun sie vermutlich auch, denn der Turm ist über 200 Jahre alt. Man erreicht ihn ganz bequem, sogar mit dem Auto, da er auf dem Festland steht. Am Leuchtturm von Savudrija verbringt man seine Draußen-Zeit gerne: Manchmal ist man dort allein, aber nie ganz, denn der Leuchtturm ist bewohnt. Die Wärterfamilie kümmert sich um Sommergäste, die in Apartments unterhalb des Turms übernachten. Daher kann der schlanke, hohe Bau auch nur von außen besichtigt werden. Das macht aber nichts, denn die Umrisse des Leuchtturms bei Sonnenuntergang wirken auch so wunderbar romantisch!

Als der Turm entstand, wurde noch Walzer getanzt: Der österreichische Fürst von Metternich soll auf einem Ball in Wien eine Adelige aus Kroatien getroffen und sich in sie verliebt haben. Um ihr seine Zuneigung zu beweisen, ließ er 1818 den stolzen Leuchtturm in Savudrija errichten – der übrigens heute als Dienstältester an der Adria gilt. Doch, ach weh, da möchten die Finger gar nicht mehr weitertippen – die Angebetete starb, noch ehe der Leuchtturm fertig war. Der Fürst soll vor lauter Kummer den Bau nie betreten haben. Und nun? Glück klingt anders … Oder doch? Immerhin steht sein Liebesbeweis bis heute und hat so viele Jahre überdauert. Wie viele Liebespaare sich hier wohl schon geküsst haben? Allein der Gedanke an dieses ungewöhnliche Liebesgeschenk lässt das Herz klopfen!

Svjetionik, Svjetioničarska ulica 1, Savudrija, OT Bašanija, Kroatien

Wandern mit Meerblick

48 *Durch den Wald von Labin nach Rabac*

Mit dem Bergwandern ist es so eine Sache: Soll man nun oben anfangen und dann gemütlich ins Tal wandern? Oder ist es besser, man kommt zuerst aus der Puste und nimmt dann den Abstieg – der ja meist leichter ist? Die Münze soll's entscheiden: zuerst runter! Das bedeutet: Rutschfeste Schuhe an und rauf ins Bergarbeiterstädtchen Labin mit hübscher Altstadt. Von dort soll es in den Badeort Rabac hinuntergehen. Die Schautafel beim Campingplatz in Rabac, wo der Wanderweg – in diesem Fall – endet, verspricht „frischen Lorbeer- und Pinienduft". Das klingt vielversprechend. 236 Höhenmeter gilt es zu überwinden. Mit dem Auto – es gibt auch eine Busverbindung – geht es nach Labin hinauf. Dort findet sich unterhalb der Touristinformation ein grüner Print-Pfeil auf dem Beton („Trail"), der den Weg nach Rabac zeigt. Schon nach wenigen Metern säumen wunderbar gelbe Blüten den Weg, es ist ein ganzes Meer an Kakteen! Fast möchte man hierbleiben, der Anblick verwöhnt die Augen und die Naturseele! Der Weg führt an einer Lichtung mit Picknicktisch vorbei, es wird schattiger, Holzbrücken überqueren kleine Bäche. Ein Fotostopp beim Wasserfall – was für ein schönes Motiv mitten im Grün. Immer wieder blitzt das Meer in der Ferne auf, das motiviert beim Laufen. Stellenweise geht es ein wenig steiler bergab, doch der Untergrund ist zum Glück trocken. Man läuft über weichen und schattigen Waldboden, hier kann man die Natur wunderbar riechen. An manchen Stellen fällt die Sonne zwischen den dichten Baumkronen durch, was recht mystisch wirkt. Mehr als 650 Pflanzenarten wurden hier gezählt: Steineichen, Schwarzeschen, Schwarze Hainbuchen –ein sattgrüner Mischwald, ein Blätterrausch, den man hier erlebt – und irgendwann ist man unten, bei den Sportplätzen in Rabac. Ein Bummel am Meer entlang sollte drin sein, ehe der Berg ruft: Hinauf! Wer sich den Rückweg ersparen möchte, verwöhnt sich einfach den Berg hinauf mit einer Fahrt im Bus oder Touristenzug. So viel Luxus muss sein!

TIPP Vom Aussichtsturm in der Altstadt von Labin sieht man das Meer.

▸ Wald von Rabac bzw. Labin, Kroatien, Beginn des 2,5 Kilometer langen Wanderwegs am Campingplatz Rabac bzw. hinter der Touristinformation, Aldo Negri 20, Labin
▸ ÖPNV: Bushaltestelle nach Rabac neben der Touristinformation Labin (Aldo Negri 20); im Sommer Touristenzug zwischen Labin (Hauptplatz) und Rabac

Chillen auf der alten Grenze

49 *Der Tito-Platz in Rijeka*

Auf den ersten Blick ist der „Cont“ im Zentrum von Rijeka nur ein Platz – vielleicht sogar einer mit zu viel Grau und zu wenig Grün. Dafür fließt unter ihm das Flüsschen Rječina, das sich vom Meer durch die Stadt zieht. Eigentlich heißt der Platz Titov trg, nach dem früheren jugoslawischen Staatschef Tito benannt. In Rijeka nennt man ihn gerne auch nur „Cont“, nach dem Traditionshotel Continental am Platz. Es ist der Treffpunkt der Jugend: Auf dem Cont kann man abhängen, Freunde treffen und Musik hören. Es wird geplaudert, gelacht, gesungen und philosophiert – abends auch mal mit einem Bier in der Hand. Die besten Ideen sollen dabei schon auf dem Cont geschmiedet worden sein. Der Fast-Food-Imbiss gegenüber wirkt wie aus der Zeit gefallen. Dafür schmeckt der Burger überraschend lecker, schont den Geldbeutel und gehört seit langem zum Cont dazu. Schaut man genau hin, zieht sich eine rote Linie über den Platz, durch die Rotunde, bis zum Mrtvi kanal, wo der rebellische Schriftsteller Janko Polić Kamov als Skulptur lehnt. Genau an der roten Markierung verlief früher die Staatsgrenze zwischen Jugoslawien und Italien – im Zickzack, mitten durch die Stadt! Was westlich der Rječina lag, also die Innenstadt von Rijeka, damals „Fiume“, gehörte ab 1924 zu Italien. Der östliche Stadtteil Sušak, auf der anderen Seite des Flusses, wurde Jugoslawien zugeschlagen. 1946 entstand hier eine Brücke, ein Jahr später wurde die Grenze so verschoben, dass aus der italienischen Stadt Fiume erneut Rijeka wurde und die ganze Stadt zu Jugoslawien gehörte. Solch eine aufregende Vergangenheit verbirgt sich hinter einer einzigen dünnen roten Linie – das ist wirklich geballte Geschichte und höchst spannend! Seit Jahrzehnten ist der Titov trg oder Cont aber wieder ein Platz, auf dem man sich trifft und der verbindet. Leicht morbide, nicht wirklich charmant, aber sehr authentisch und genau dafür so liebenswert – denn er steht symbolisch für offene Grenzen, für einen für alle zugänglichen Raum und das große Glück, im Jetzt zu leben.

TIPP

In der Pivnica Cont am Platz gibt es günstigen Mittagstisch in Retro-Atmosphäre.

Trg maršala Tita, Rijeka, Kroatien

ÖPNV: Bus 1, 2, 8, Haltestelle Fiumara; Bus 8 auch Haltestelle Titov trg

Beim kroatischen Gulliver

50 *Der Riese Veli Jože verschönert Motovun*

Den Riesen „Veli Jože“ kennt in Kroatien jedes Kind: Er soll zu Füßen des wohl hübschesten Hügelstädtchens – Motovun – in einer Flussniederung im Mirna-Tal gelebt haben. Da er so groß war, nannten ihn die Menschen nur „Veli Jože“, etwa „Riesen-Sepp“. Es heißt, er soll an die 300 Jahre alt gewesen sein. Sein Aussehen wirkte auf die Menschen furchteinflößend, doch im Herzen war er gut und tapfer. Er half allen, verrichtete harte Arbeit – ohne zu murren. Und es gibt ihn noch! Wer ihn treffen möchte, muss einfach Motovun ansteuern. Auf eine Bergkuppe aufgetupft wirkt das Städtchen mit seinem doppelten Mauerring schon aus der Ferne sehr romantisch. So muss es wohl auch der Riesen-Sepp gesehen haben, wo er doch unten im Tal lebte. Auf alle Fälle: Das Auto parkt unten, die steile Straße hinauf hält in Form (nein, der Shuttle-Bus zählt nicht) – und dann betritt man das Reich von Riesen-Sepp durch ein doppeltes Stadttor hindurch. Gleich rechter Hand, in Richtung Stadtmauer, trifft man ihn. Lebe bunter, scheint sein Motto zu lauten: Auf der Seite einer Hauswand leuchtet der Riesen-Sepp, farbenfroh und hübsch gemalt von der Künstlerin Danijela Poropat aus Pula. Er blickt hinab in das Mirna-Tal, vielleicht aber auch nur auf das nette kleine Café gegenüber, wo er die Gäste beim Espressoschlürfen beobachtet.

TIPP Der Schriftsteller Vladimir Nazor hat die Legende aufgeschrieben. Bis heute ist „Veli Jože“ Schullektüre in Kroatien.

Und dann? Was ist mit dem Riesen-Sepp passiert? O je, eigentlich passt das so gar nicht in ein Buch mit Glücksorten. Oder doch? Auf alle Fälle kam es zu einem Streit. Der Riesen-Sepp verließ Motovun – und dann verliert sich leider jede Spur von ihm. Auch wenn es nicht wie ein Happyend klingt – die Motovuner sind davon überzeugt, dass Veli Jože bis heute in der Region lebt, irgendwo auf den Feldern, neben einem Bach. Der kroatische Gulliver soll auf alle Fälle weiterhin fleißig säen und ernten. Oder er wandert durch die schattigen Wälder rund um Motovun, die übrigens für ihre Trüffeln bekannt sind. Vielleicht nascht der kroatische Gulliver ja auch ab und zu davon, wer weiß?

Hauswand mit Veli Jože, Mure 4, Motovun, Kroatien
ÖPNV: Busbahnhof Motovun, 20 Minuten Fußweg

Surrend über die Schlucht

51 *Die Höhle und Seilrutsche in Pazin*

Eine Schlucht zieht sich mitten durch das Bergstädtchen Pazin: grün, tief und von Felsen zerfurcht. Über der Pazinska jama erhebt sich auf einem Felsvorsprung eine alte Burg mit Gitterfenstern. Die perfekte Inspiration für einen Abenteuerroman. Kopfkino an, denn die Landschaft beflügelt. Das hat sie auch schon den französischen Schriftsteller Jules Vernes: Der verpflanzte den Helden seines gleichnamigen Romans „Mathias Sandorf" in genau diese abenteuerliche Schlucht. Der Held, ein Graf, wurde im Kastell von Pazin eingekerkert, konnte jedoch durch die Schlucht entkommen: Er verschwand in der Felswand, genaugenommen in einem Schlupfloch, ebenso wie das Flüsschen Pazinčica, das unterirdisch weiterfließt und erst nach einigen Kilometern wieder ans Tageslicht kommt.

Die Schlucht inspirierte nicht nur Jules Vernes, sondern lockt bis heute Abenteurer an: Mit Stirnlampe, Helm und Anzug ausgestattet, seilen sie sich zu einer Höhlenexpedition ins Erdreich ab. Dort wird, gemeinsam mit einem Höhlenführer, das Innere der Höhle erkundet. Seit einigen Jahren lockt die Schlucht nicht nur in die Tiefe, sondern auch in die Höhe: Wagemutige sausen, mit Seil und Haken, das Abenteuer im Nacken, auf einer Seilrutsche über die Schlucht. Die Zipline beginnt auf einem Holzvorsprung unterhalb des Hotels Lovac. Ein junger Mann im schwarzen T-Shirt ist gerade an der Reihe. Der Instruktor zieht das Seil fest, fragt laut: „Ok?". Der Festgezurrte hebt den Daumen nach oben. Dann geht es los, auf dem dicken Stahlseil hoch in der Luft. „Yeah!", hallt es durch die Schlucht, voller Begeisterung. Schnell ist er drüben angekommen und wird losgeschnallt. Der Nächste ist an der Reihe. Wer lieber festen Boden unter den Füßen hat, bleibt einfach auf der Aussichtsplattform stehen, schaut den anderen zu und freut sich über deren Begeisterung und Spaß – denn schließlich ist auch geteilte Freude etwas, das glücklich machen kann! Der traumhafte Blick auf die Schlucht ist es wert!

TIPP Im Kastell von Pazin werden Trachten, Musikinstrumente und Berufe modern präsentiert. www.emi.hr

Zipline Pazinska jama, Ulica Šime Kurelića 4, Pazin, Kroatien, Tel. +385 91 543 77 18

ÖPNV: Busbahnhof Pazin, 15 Minuten Fußweg

Meisterwerke aus Stein

52 *Der Kažuni-Park in Vodnjan*

In Istrien gibt es viele kleine Schutzhütten aus Stein: Sie haben feste Wände, ein Kuppeldach und stehen auf Feldern oder inmitten knorriger Olivenhaine. Wurden die Hirten oder Bauern von einem Unwetter überrascht, fanden sie dort einen Unterstand – und manchmal auch einen Platz für ein Schäferstündchen. Obwohl es noch mehrere hundert kažuni gibt, sind diese nicht immer ganz einfach zu finden, vor allem nicht zwischen Schnellstraße, Strand und Hotel. In Vodnjan hat man sich daher etwas einfallen lassen: In einem kleinen Kažuni-Park, gleich nach Abfahrt der Schnellstraße Istrisches Ypsilon, kann man sich die traditionellen Hütten aus nächster Nähe und sogar kostenlos anschauen. Dabei gibt es vier Bauphasen mit je zwei Hütten zu erkunden: Das erste kažun, so die Einzahl, besteht nur aus Grundmauern. Das zweite und dritte sind ein wenig höher, und die vierte Hütte ist komplett mit Dach. Wirft man einen Blick hinein – es ist dunkel und eng – fragt man sich unweigerlich, ob das mit dem Schäferstündchen wirklich so gemütlich wäre. Faszinierend ist vor allem die Bauweise: Die Natursteine werden nur durch eine besondere Stapeltechnik gehalten, ohne Bindemittel wie Mörtel – und zwar so fest, dass sie jedem Wetter trotzen. Mit dem Bau hat man gleich zwei Fliegen mit einer Klappe geschlagen: Man hat das Grundstück von Steinen gesäubert, denn in Istrien ist der Boden oft felsig, und die Steine vom gesäuberten Feld nutzte man als Baumaterial. Wie die Hütten wurden auch Mauern in Trockenbauweise errichtet, um die Grundstücke voneinander abzugrenzen, aber auch vor Wind und Feuer zu schützen. Den Kažuni-Park umsäumt ebenfalls solch eine hübsche Mauer. Übrigens steht die Trockenbautechnik seit 2018 auf der UNESCO-Liste des immateriellen Weltkulturerbes.

Am modernen Kiosk nebenan kann man nicht nur Olivenöl kaufen, sondern auch Kaffee und Eis. Damit klettert man einfach aufs Kioskdach hinauf und staunt von oben über die kleinen Steinkunstwerke – eine wunderbare Ruhepause auf dem Weg durch Istrien!

TIPP In Vodnjan gibt es poppig-bunte Street Art auf Hausfassaden („Murali") zu entdecken.

Park kažuna, Vodnjan, Kroatien

A9, Ausfahrt 8 (Vodnjan sever) in Richtung Vodnjan centar

Open-Air-Filmstudio

53 *Das Dörfchen Draguć liefert beste Filmkulisse*

Alte Steinhäuser mit roten Ziegeldächern drängen sich dicht aneinander. Manche sind schon seit Jahren nicht mehr bewohnt, vor anderen stehen weiße Plastikstühle im Hof. Draguć ist ein winziges Dörfchen mitten in Istrien, gerade mal drei Dutzend Einwohner leben hier noch. Eine Straße führt in das Hügeldörfchen, drei Gassen ziehen sich parallel zueinander durch den Ortskern – mehr sind es nicht. Dafür gibt es sogar stolze vier Kirchen mit Fresken und einer alten Glocke, die an der Kirchenmauer ausgestellt ist. Draguć ist ein Dörfchen wie viele andere, dennoch ist es etwas Besonders: Es schmückt sich gerne mit dem Beinamen „Istrisches Hollywood", da hier schon viele heimische Filme gedreht wurden. Einmal war sogar der französische Schauspieler Gérard Depardieu zum Drehen da, und Draguć war eine verwunschene Kulisse für den Film „Musketiere für den König". Bummelt man durch das Dörfchen, gibt es immer wieder einen Innenhof zu entdecken – mal mit Efeu wild umrankt und vergessen, mal gepflegt, mit blühenden Blumenkästen. In einer alten Tordurchfahrt wartet ein hölzerner Leiterwagen auf seinen Besitzer, und schon bei seinem Anblick fühlt man sich in eine andere Zeit versetzt. Hektik? Nein. In Draguć wird jeder ruhiger, gelassener. Wer möchte, wirft einen Blick in eine der Kirchen, in zweien sind sehr hübsche Fresken zu bestaunen. Infos dazu gibt es in der „Kuća fresaka", dem Haus der Fresken mit seinen modernen Räumen, wo garantiert keine Frage offenbleiben dürfte. Dort wird auch der Schlüssel für die Kirchen aufbewahrt. Ein besonderer Glücksort findet sich außerhalb von Draguć, auf der Zufahrtsstraße: Ein moderner Bilderrahmen mit Hashtag, der das kleine Dörfchen gleich hübsch für Social-Media-Postings einrahmt. Da kann man gar nicht anders: Anhalten, knipsen, und weiter geht die Tour durch das Innere Istriens, das an manchen Ecken so malerisch sein kann.

TIPP

Ein angenehmer Wanderweg (Staza Sv. Silvestra) führt an Draguć vorbei. www.central-istria.com

Draguć mit Kuća fresaka, Draguć bb, Cerovlje, OT Draguć, Kroatien

Humba-humba-tätärä am Meer

54 *Karneval in Rijeka wird fröhlich gefeiert*

Mit der närrischen Jahreszeit ist es vermutlich wie mit Lakritz: Die einen lieben sie, die andern packen sofort ihren Koffer, wenn sie auf dem Speiseplan steht, pardon, im Kalender. Dabei ist Karneval oder Fasching eine fröhliche Sache, und erst recht in Rijeka. Schon die Location ist etwas ganz Besonderes: Es wird nämlich direkt am Meer gefeiert! Zumindest gruppieren sich Mottowagen, Musikkapellen und Maskenträger direkt an der Riva. Schiffe schunkeln auf dem Wasser, gegenüber reihen sich Stuck-Villen aneinander wie der Modello-Palais oder das kaisergelbe Gebäude der staatlichen Jadrolinija-Reederei. Und mittendrin warten die Umzugsteilnehmer gut gelaunt, dass es endlich losgeht.

Richtig perfekt ist der Umzug, wenn das Wetter stimmt und es frühlinghaft mild ist: Während man anderswo noch in dicken Winterstiefeln Fasching feiert, kann man in Rijeka meist schon ein leichteres Kostüm wählen. In Fell hüllen sich höchstens die traditionellen „zvončari", die Glöckner oder Schellner mit ihren zotteligen Kostümen, Holzmasken und mächtigen Glocken auf dem Rücken. Den halben Sonntag wird gewunken, das Prinzenpaar zieht über die Fußgängermeile Korzo, sogar der Bürgermeister macht mit.

Wenn es dann dunkel wird, richten sich alle Augen auf das Hafenbecken: Dort wird nämlich mitten auf dem Wasser der Pust angezündet, das ist eine Strohpuppe, die für alles Schlechte herhalten muss.

Ein Must-See ist übrigens auch die maskierte Autorallye „Pariz-Bakar": Dabei werden die Vehikel mit Krepppapier, Pappe und Co. geschmückt und dürfen sich am Rennen beteiligen. Das verläuft aber ganz gemütlich: Start ist an der Pizzeria Pariz, die man auf Kroatisch mit „z" schreibt. Ziel ist, nein, keine Wüstenmetropole, sondern das beschauliche Städtchen Bakar, südlich von Rijeka, das sich tief in eine Bucht schmiegt – Karneval mit Meerblick, das hat was, wenn man sich gerne verkleidet und den ausgelassenen Moment mag.

Međunarodna karnevalska povorka, Rijeka, Kroatien, www.rijecki-karneval.hr
ÖPNV: Busbahnhof Žabica, 5 Minuten Fußweg

Cappuccino im Schatten

55 *Die grüne Promenade Giardini in Pula*

Giardini! Welch klangvoller Name für die grüne Lunge in Pulas Innenstadt. Die Bewohner lieben ihre Gärten, die eigentlich eher an eine breite Promenade erinnern. In vier Reihen spenden dort hohe Zürgelbäume mit glatter Rinde und mächtigen Kronen Schatten. 80 sind noch übrig. Als sie gepflanzt wurden, gab es noch keine Autos, die die Promenade heute links und rechts passieren. Dafür ruckelte damals, zu Zeiten Österreich-Ungarns, eine Straßenbahn den Giardini entlang. Der Sonntagsspaziergang führte dort vorbei, geradewegs zum römischen Triumphbogen der Sergier hinab, der sich unterhalb der Giardini erhebt. Begrenzt wird die Straße durch Reste der alten Stadtmauer, darüber beginnt der Kastellberg anzusteigen.

Am besten lässt man die Giardini in einem der vielen Straßencafés auf sich wirken: An runden Tischen nippt man Espresso, plaudert über die aktuelle Politik oder verkürzt sich die Frühstückspause. Wer in Kroatien übrigens eine „kava" bestellt, bekommt einen Espresso. Ein „Macchiato" ist ein Espresso mit Milchkrönchen. „Bijela kava", wörtlich der „Weiße Kaffee" mit viel Milch und „Cappuccino" – das sind die vier Klassiker, die man kennen sollte.

TIPP Im Café „Uliks" am Triumphbogen der Sergier wartet James Joyce auf seinen Kaffee – als Skulptur.

Abends wirbeln Jongleure auf den Giardini bunte Bälle durch die Luft, jemand spielt auf der Gitarre. Die Giardini lohnen übrigens nicht nur im Sommer einen Abstecher: In der Adventszeit glitzern dort Lichterketten, im Frühjahr verwandelt eine Gartenmesse die Anlage tagelang in ein Pflanzenmeer. Bis Mitte des 19. Jahrhunderts waren die Giardini übrigens wirklich Gärten, dann fing man an, sie in einen langgestreckten Platz zu verwandeln. Und so erinnern die Giardini heute fast ein wenig an die Las Ramblas in Barcelona, die mit ihren Cafés, Geschäften und Shops als eine der schönsten Promenaden der Welt gilt. Sicher gibt es in Pula weniger Geschäfte, Kiosks und Cafés – doch die Bewohner von Pula lieben ihre Giardini dafür heiß und innig.

Giardini, Pula, Kroatien
ÖPNV: Bus 2, 4, 5, 8, Haltestelle Giardini

Rassige Reiter im Rennfieber

56 *Beim Ringstechen von Barban*

Mit einem Tusch ertönt der Radetzky-Marsch, während Staub über die Rennbahn wirbelt. Tanzmariechen winken auf der Tribüne, Zuschauer klatschen und jubeln: So sieht das Ringstechen von Barban („Trka na prstenac") aus. Dabei muss der Reiter die Mitte eines Metallrings treffen. Das ist allerdings gar nicht so einfach, denn das Ziel hängt hoch über der Trasse, und der Reiter muss im Galopp mit einer langen Lanze hineinstechen. Beim Rennen treffen sich alle: Entlang der Rennbahn jubeln Pferdefans mit Zahnlücken und Glitzerhaarspangen genauso wie Männer in weißen Hemden, die sonst im Parlament sitzen. Das Ringstechen, mit langer Tradition, lockt einmal im Jahr bis zu 10.000 Zuschauer an. Die Reiter – Männer aus Barban und den umliegenden Dörfern – sind so wunderbar stolz, dass man sie einfach gerne anschaut: Ihre Uniformen – weiße Hemden mit Stehkragen, schwarze Westen mit Bordüren – sitzen perfekt. Ihre Beine stecken in kniehohen Lederstiefeln, die Köpfe zieren schwarze Mützen mit Krempe. Hach, fast könnte man ins Schwärmen geraten: Die Reiter schauen aus, als würden sie als Husaren in einem monumentalen Abenteuerfilm mitspielen.

Ein Kandidat auf einem Schimmel ist an der Reihe: Er galoppiert über die Bahn, richtet seine Lanze gegen den gegliederten Ring – und trifft genau in die Mitte: Der Kommentator jubelt, die Menge klatscht begeistert. Die istrische Flöte ertönt, ein Zeichen dafür, dass der nächste Reiter dran ist. Er galoppiert los – ebenso stolz und anmutig – und trifft auch. Nun ja, fast. Irgendwann sind alle durch, der Gewinner hat sieben von neun möglichen „punti" erreicht. Hoch zu Ross hält er seinen Pokal, ein Schwert und ein hübsch geschmiedetes Schild. Sein Pferd, mit glänzendem Kopfschmuck, wirkt ebenso stolz wie der Reiter. Was daran glücklich macht? Wenn man Pferde, Rennen und stolze Männer in traditionellen Uniformen mag, findet man in Barban seinen Glücksort – zumindest einmal im Jahr, wenn die Rennbahn glüht. Dann reden alle Einwohner wochenlang davon und brennen dafür. Diese Begeisterung steckt einfach an!

Ringstechen Trka na prstenac, Barban, Kroatien, www.trkanaprstenac.hr, 3. Wochenende im August

Wald mit Meerblick

57 *Das Goldene Kap in Rovinj*

Vollkommenes Sommerglück: Die Sonne steht hoch am Himmel, keine Wolke weit und breit. Doch irgendwie ist es wie mit frischgebackenem Erdbeerkuchen: Der schmeckt zwar unglaublich lecker, doch mit einem Tupfen Sahne ist er einfach noch besser. Was ist Ihr Sahnehäubchen an einem schönen Tag? Ein Bad im glasklaren Meer? Ein Strand mit feinen Kieselsteinen, die man zwischen den Zehen spürt? Ein Schattenplatz auf einer weichen Decke?

Am „Zlatni rt", dem vokalarmen kroatischen Namen für Goldenes Kap oder auf Italienisch „Punta Corrente", muss man sich gar nicht für eine einzige Glückssache entscheiden! Auf der Halbinsel bei Rovinj kann man alles haben: schattige Wege, würzig duftende Zypressen und einen Küstenstreifen zum Baden. Am Ufer hat sich das stylische Designhotel Lone niedergelassen, von dort fällt der Blick auf das bunte Häusergewirr der Altstadt von Rovinj. Und wenn die Sonne untergeht, gibt es wohl kaum jemanden, der bei diesem Anblick nicht seufzt.

Der Parkwald, der diesen Status schon seit über sechs Jahrzehnten hat, wurde schon zu K.u.k.-Zeiten angelegt: Der Industrielle Johan Georg von Hütterot ließ auf der Halbinsel Pinien, Zypressen und Lorbeerbäume pflanzen. Von seinen Reisen brachte der Industrielle auch exotische Gewächse wie Ginkgo, Eukalyptus oder die Libanon-Zeder mit – oder ließ sich die Gewächse schenken.

Wer möchte, nimmt das Radl zur Anreise auf den Zlatni rt: Das strafft nicht nur die Waden, sondern führt auch in die schönsten Ecken des Parkwaldes. Mit dem Auto kommt man ebenfalls hin, an der Zufahrtsstraße kann man sich prima orientieren: Ganz hinten, wo es nicht mehr weitergeht, öffnet sich unterhalb ein echter Glücksort für Kinder – ein wunderbar weitläufiger Spielplatz. Da kommt sich niemand in die Quere: Während der eine auf der Holzschlange balanciert, hüpft der andere über die weite Wiese auf der Lichtung. Und fast vergisst man, dass man eigentlich zum Baden, Sonnen oder Picknicken hergekommen ist.

Zlatni rt/Punta Corrente, Cesta za Škarabu, Rovinj, Kroatien, ca. 1,5 Kilometer südlich der Altstadt

Farbenzauber am Himmel

58 *Regenschirme für die Sinne in Novigrad*

Zitronengelb, froschgrün oder kirschrot: Die aufgespannten Schirme im Küstenstädtchen Novigrad an der Westküste Istriens sind auf alle Fälle schön bunt. Und genau das ist ihr Zweck: Sie sind ein fröhlicher Farbtupfer mitten in der Altstadt, in erster Linie für Herz und Seele statt für trockene Haare gedacht. Denn wenn man tatsächlich in einen sommerlichen Regenguss gerät, können die Schirme einen nicht wirklich vor dicken Wassertropfen schützen. Das macht aber nichts. Dafür wohnt ihnen ein Farbenzauber inne, Urlaub für die Augen und die Sinne! Am schönsten wirken die Schirme, wenn man an einem sonnigen Tag direkt unter ihnen steht: Dann schimmert der blaue Himmel hindurch, und die Schirme sehen aus, als würden sie zwischen zwei Häusern schweben. Das liegt an den durchsichtigen Fäden, mit denen sie miteinander verwoben sind. Das Konzept ist einfach, wunderbar fotogen: Auch in Deutschland schwebten schon Schirme über Bamberg, Kleve und anderen Orten. Ein echter Farbenrausch!

In Novigrad entstand die Idee bereits 2013, als die Regenschirme für ein sommerliches Street Art-Festival als Deko genutzt wurden. Sie sollten die beiden Straßen, die zum Hauptplatz führen, verschönern. Gäste und Einwohner waren jedoch so begeistert davon, dass die Regenschirme nach und nach an verschiedenen Orten in der Altstadt auftauchten. Und sie blieben. Einen ganzen Sommer lang, der in Istrien ohnehin länger dauert als anderswo. Erst im Herbst, wenn die meisten Gäste wieder zu Hause angekommen sind, werden die Regenschirme eingeklappt. Das hübsche Farbspektakel lässt sich mit dem Fotoapparat einfangen. Die vielen Farben wirken vor blauem Himmel immer gut, das verspricht sorgenfreie Fotomomente. Kinder staunen, aber auch die Großen – so bunt können Urlaubsbilder sein.

TIPP

Alte Steintafeln in einem modernen Glasbau gibt es im Lapidarium zu bestaunen.

Mlinska ulica, Innenstadt, Novigrad, Kroatien

ÖPNV: Busbahnhof Novigrad, 10 Minuten Fußweg

Das Dorf der Künstler

59 *Bummel ins Hügelstädtchen Grožnjan*

Grožnjan ist ein typisches istrisches Hügelstädtchen: Alte Natursteinhäuser, gepflasterte Gassen und eine Anhöhe, die den Blick auf die schöne Natur freigibt. Den ganz besonderen Charme des „Künstlerstädtchens“, wie Grožnjan oft genannt wird, machen die vielen Kleinigkeiten aus, die es – buchstäblich – an jeder Ecke zu entdecken gibt. Handgefertigte Namensschilder und Hausnummern aus Emaille oder eine mintfarbene Holztür, die mit Handlettering-Schrift zu einer stilvollen Getränkekarte umfunktioniert wurde oder sonnengelbe Blumentöpfe auf schiefen Steintreppen, alles wirkt wie aus einem Do-It-Yourself-Bastelbuch. Stundenlang kann man hier durch die engen Gassen streifen, gar zwei-, dreimal – und doch immer wieder Neues entdecken. Vielleicht kehrt man dazwischen auch bei „Aura“ ein, wo es vorzüglichen Likör gibt, der aus einer kleinen Manufaktur in Buzet stammt. Den Laden erkennt man am Retro-Fahrrad, das als Deko davor lehnt, und an der hübschen Einrichtung im Vintage-Stil.

Eine ganz besondere Stimmung herrscht im Sommer in Grožnjan, wenn sich internationale Musikschüler treffen, um gemeinsam zu musizieren. Dann finden auf den kleinen Plätzen vor wunderbarer Altstadtkulisse Konzerte statt. Und erst die vielen Galerien! Rund 30 sollen es sein, dabei hat Grožnjan gerade mal doppelt so viele Einwohner. Dass es hier so viele Kreative gibt, geht auf eine Initiative aus jugoslawischen Zeiten zurück. Grožnjan war eines jener Dörfer, in dem vor allem Italiener lebten. Diese gingen unter Tito, freiwillig oder auch nicht, nach Italien. Zurück blieben viele leere Dörfer, die zu zerfallen drohten. Der Staat verkaufte die Häuser in Grožnjan zu symbolischen Preisen an Künstler, die sich dort niederließen. So viel Kunst auf so kleinem Raum, das muss man erst mal verarbeiten. Am besten bei einem Espresso in der Caffe Bar Vero. Von der kleinen Panoramaterrasse genießt man einen wunderschönen Ausblick aufs Tal – der wie gemalt wirkt.

TIPP

Am Abend ist es ruhiger, und viele Künstler arbeiten erst dann in ihren Ateliers.

Grožnjan, Kroatien

Kunst küsst Kalkstein

60 *Der alte Steinbruch Montraker in Vrsar*

Passiert man den großen Parkplatz am Ende der Altstadt von Vrsar, an Istriens Westküste, geht es nicht mehr weiter. So wirkt es zumindest. Eine kleine Straße schlängelt sich daran vorbei, führt auf die Halbinsel Montraker. Der Anblick überrascht: Eine grüne Wiese fällt sanft zum Meer hin ab, wird oberhalb von steilen Felswänden gesäumt. Der alte Steinbruch von Montraker, den schon die Römer kannten: Mächtige Skulpturen durchbrechen die Steinwüste, und jeden Sommer kommen neue Schöpfungen hinzu. Internationale Künstler bearbeiten den hellen istrischen Kalkstein vor Ort, formen und gestalten ihn – und verleihen ihm Leben. Das tun sie allein oder zu zweit, als Gemeinschaftsprojekt. Dann bleibt der Stein, nun in seiner veränderten Form, als Geschenk an die Stadt Vrsar zurück. In traumhafter Lage, unter freiem Himmel, lassen sich die Künstler beflügeln. Auf diese Weise haben sich seit 1991 schon viele Skulpturen angesammelt, die man nicht nur im Steinbruch, sondern in der ganzen Stadt bestaunen kann.

Wer diese wunderbare Weite des alten Steinbruchs erfahren möchte, kommt am besten abends, wenn die Sonne hinter den vorgelagerten Inseln ins Meer versinkt. Dann klettert man hinauf auf die kleine Plattform mit Geländer, die man sich schon mal mit einer neugierigen Möwe teilt – und der Blick fällt auf das Meer in der Ferne und den Steinbruch unter den Füßen. Dieses Zusammenspiel, wenn man hoch oben auf dem Aussichtspunkt steht und einem der sanfte Sommerwind durchs Haar streift – ein Wohlfühlort.

Den schönen Dingen hat übrigens noch jemand in Vrsar gefrönt: Casanova, der wohl berühmteste Liebhaber der Welt. Er soll in seinen Memoiren Vrsar, auf Italienisch Orsera, erwähnt haben. Auch in der Stadt erinnert man sich an ihn und hat eine hübsche Plattform (Vidikovac) nach Casanova benannt: Wer hier hinaufsteigt, schaut von der anderen Seite auf die Montraker-Halbinsel, das Meer und die winzigen Inselchen. Ein Lieblingsort für Romantiker!

Steinbruch Vrsar, Halbinsel Montraker, Vrsar, Kroatien
Aussichtspunkt Casanova, Ulica Rade Končara 54, Vrsar, Kroatien

Perfektes Pula-Panorama

61 *Das Kleine römische Theater in Pula*

Ein wenig versteckt ist es schon. Dabei liegt es mitten in der Stadt: das „Malo rimsko kazalište", das Kleine römische Theater von Pula. Ein Paar, vielleicht in den späten Fünfzigern, kommt gerade vom Kastellhügel oberhalb herunter, balanciert über einen abenteuerlich schmalen Holzsteg. Nein, eigentlich ist es nur ein Brett, das gewagt über zwei Steinen schwebt. „Das ist wie ein Abenteuerspielplatz hier", sagt der Mann auf Deutsch und strahlt dabei über das ganze Gesicht. Vermutlich hat er damit das Glücksgefühl, das man hier erleben kann, genau getroffen: Das Kleine römische Theater schafft Alltagsabenteuer. Stundenlang könnte man auf den antiken Zuschauerrängen balancieren, die sich im Halbrund gruppieren. Bislang wollte niemand eine Eintrittskarte sehen, das Areal wirkte ein wenig vergessen und buntes Graffiti gehörte dazu. Das wird nun anders, denn man machte sich an die Sanierung. Nun ist die Ehrfurcht noch größer: Das Bauwerk ist nämlich schon zwei Jahrtausende alt, damals fasste es 2000 Zuschauer. Eine Schatztruhe! Was hier gefunden wurde, wird im Archäologischen Museum aufbewahrt, das bald – nach jahrelangem Umbau – eröffnen soll.

Vom Kleinen römischen Theater führt ein Weg zum Kastell hinauf: Von dort schaut man auf die Werft „Uljanik" und den Hafen hinab, auf die antike Arena, auf das Dächergewirr der Altstadt von Pula – und direkt darunter auf das wunderbar verwunschene Kleine römische Theater, das ein wenig vergessen wirkt.

P.S. Bleibt nur noch die Frage, ob es auch ein Großes römisches Theater gab? Ja, sicher! Es fasste doppelt so viele Zuschauer und wurde außerhalb der Altstadt errichtet, auf dem Monte Zaro – einem von sieben Hügeln in Pula. Das Große römische Theater wurde durch ein Feuer zerstört, der Rest für den Bau anderer Häuser abgetragen. Die wenigen verbliebenen Steine wurden in ein Gebäude eingearbeitet.

TIPP

Der unterirdische K.u.k.-Luftschutztunnel Zerostrasse erfrischt im Sommer, Carrarina 3!

Malo rimsko kazalište, Hercuov prolaz 1, Pula, Kroatien
ÖPNV: Bus 2, 4, 5, 8, Haltestelle Giardini

Ein eingerahmter Meeresarm

62 *Die grüne Schlucht an der Ostküste*

Eigentlich ist es nur ein Selfiespot am Wegrand. Doch in Plomin wirkt er besonders gut: Das mag vielleicht daran liegen, dass die Ostküste Istriens in dieser Ecke weniger Attraktionen und Badeorte zu bieten hat als der Süden und der Westen. Darum freut man sich bei einem Roadtrip umso mehr, genau hier mal kurz stoppen zu können: Ein Selfie, die Landschaft bewundern, hinaus aufs Meer schauen.
Was war das drüben gleich noch mal für eine Insel? Cres, eine der ursprünglichsten Inseln in der Kvarner Bucht, etwas für Individualisten. Das ist auch Plomin. Eigentlich alles andere als ein Touristenort. Vielmehr eine Schlucht, die sich vom Meer ins Landesinnere zieht, mit Industrie und einem mächtig hohen, rot-weiß geringelten Schornstein. Der gehört zum Wärmekraftwerk, das hier noch mit Steinkohle befeuert wird. Stolze 340 Meter ragt der Schlot in den Himmel und hält somit den Rekord als das höchste Bauwerk in Kroatien. Durch den Selfie-Rahmen betrachtet, wirkt er wie ein Farbtupfer vor dem Grün und Blau – und macht, äußerlich zumindest, eine recht gute Figur. Alles eine Frage der Perspektive.
Plomin selbst liegt oberhalb der Bucht, ein Dörfchen mit 100 Seelen, Steinhäusern ohne Dach, einer Kirche und Überresten einer Stadtmauer. Schon die Illyrer und die Liburner waren da, lange vor den Römern. Sie nannten ihre Siedlung Flanona. So heißt auch das Hotel oberhalb des Selfie-Stopps, direkt an der Magistrale: Es wirkt wie ein Ufo, das über dem Steilhang gelandet ist. Hier stoppen Biker und Autofahrer, um sich die Beine zu vertreten – und um vielleicht einen der besten Ausblicke auf die Insel Cres zu genießen. Also: Motor aus, entspannen und einfach eine kurze Auszeit an der Ostküste Istriens nehmen. Hier ist nämlich genau der richtige Ort, um Weite zu erfahren – und Energie zu tanken.

Vidikovac/Aussichtspunkt Plomin, Plomin 48, OT Plomin, Kroatien
Hotel Flanona, www.hotel-flanona.com.hr

PLOMIN
#visitkrsan
#visitistria
KRŠAN
OPĆINA KRŠAN

Nostalgie in Himbeerrosa

63 *Im Park der Villa Angiolina in Opatija*

Das prächtige Herrenhaus erinnert an fruchtiges Himbeereis: In zartem Rosa leuchtet die Fassade der Villa Angiolina in Opatija. Die Villa, mit schönstem weißem Stuck verziert, umsäumt ein blühender Park – ein echter Wohlfühlort. So groß wie fünf Fußballfelder ist die makellose Anlage zu jeder Jahreszeit einen Besuch wert: Auf Holzbänken mit geschwungenen Füßen kann man im Sommer über das Blütenmeer staunen oder den Duft exotischer Bäume einatmen, in der Adventszeit glitzern dort stimmungsvoll winzige Lichter. Dicke Schneestiefel? Die können getrost im Schrank bleiben. Dafür sorgt das Učka-Gebirge im Rücken, das die Riviera von Opatija vor kalten Winden abschirmt. Die milden Temperaturen sind wie geschaffen für diese wunderbare Pflanzenwelt, für die man sich unbedingt Zeit nehmen sollte: Zu entdecken gibt es Mammutbäume, Zitronen, Bougainvilleas, Oleander, Magnolien, Rosen, Zypressen, Libanonzedern, Bananenstauden, Bambus und Ginkgo-Bäume – es sind Mitbringsel aus aller Welt, die sich hier an einem Ort vereinen, rund 160 Pflanzenarten. Weiße Kolonnaden säumen den Park, an dem die berühmte Flaniermeile Lungomare vorbeiläuft: Hier spazierte schon Kaiserin Sissi entlang, als sie in Opatija kurte. Unweit der Villa erinnert eine Skulptur an die legendäre Ballerina Isidora Duncan, die hier ebenfalls zu Gast war. Ein weißer Musikpavillon im Park stimmt ebenfalls nostalgisch. Wer sich für die Geschichte Opatijas – früher Sankt Jakob bzw. Abbazia – interessiert, sollte einen Blick in die Villa Angiolina werfen, die das Kroatische Museum für Tourismus beherbergt. Die Villa ließ der Industrielle Ingino Scarpa 1844 erbauen und benannte sie nach seiner verstorbenen Frau, Angiolina. In dem Prunkgebäude versammelte er die Habsburger Hautevolee um sich, damit wurde der Grundstein für den späteren Bäder- und Kurtourismus gelegt. Angiolina Scarpas Lieblingsblume war übrigens die Japanische Kamelie, heute das Wahrzeichen von Opatija – und eine Skulptur im Park.

TIPP

Der Lungomare schlängelt sich 12 Kilometer an alten Villen und am Meer entlang und ist zu jeder Jahreszeit ein echter Glücksort.

Park Angiolina, Park Angiolina 1, Opatija, Kroatien, www.hrmt.hr

ÖPNV: Busbahnhof Opatija, 8 Minuten Fußweg

Pst, Vogelgezwitscher!

64 *Das Ornithologische Reservat Palud bei Rovinj*

An hohem Schilf vorbei führt der Weg mitten durch das Vogelschutzgebiet Palud, südlich von Rovinj. Beim Laufen hört man das Quietschen der eigenen Schuhe und in der Ferne das Kreischen und Rufen von Vögeln. Mal leise, mal so laut, dass es einem vorkommt, als brüte ein Vogel direkt nebenan. Wer sich auskennt, erspäht hier Wildenten, Spechte oder Schnepfen. Mehr als 220 Vogelarten hat man in dem Reservat bislang gezählt. Wer sie nicht erkennt, wird trotzdem glücklich: Die Ruhe ist – zumindest für Städter – wirklich ungewohnt, nur das Zirpen der Grillen und das Lachen der Vögel ist zu hören. Es ist eine Stille, die man sonst nur selten erlebt und die das Herz umarmt. So kommt man den Vögeln nicht in die Quere: Hinweisschilder mahnen zur Ruhe: „Pst" heißt es auf dem entsprechenden Piktogramm, das man auch ohne Sprachkenntnisse versteht.

Palud ist ein Sumpfgebiet und damit der perfekte Ort für Draußen-Zeit. Wenn es im Herbst regnet, füllt es sich auf gut 20 Hektar auf und ist dann zehnmal so groß wie in trockenen Sommermonaten. Hohe Holzwände schirmen die Vögel von ihren Beobachtern ab. Nur Gucklöcher geben den Blick auf die Seenlandschaft frei. In zwei winzigen Holzhütten kann man sich mit dem Fernglas stundenlang auf die Lauer legen. Gleich gegenüber führt ein Kanal ins Meer, er zieht sich über mehrere hundert Meter zu einem felsigen Naturstrand mit schattigen Kiefern. Der Kanal stammt noch aus österreichischer Zeit, als man zu Beginn des 20. Jahrhunderts die Malaria ausrotten wollte: Salzwasser aus dem Meer sollte ins Sumpfgebiet fließen und dazu beitragen, dass sich die Larven von Stechmücken schlecht entwickeln können. Gebracht hat es nichts, dafür siedelten sich einige Fischarten wie der Aal an, der Süß- und Salzwasser schätzt. Die Fülle des Lebens spürt man hier – ein echtes Paradies für Liebhaber von Natur und Ruhe.

Reservat Palud, 8 Kilometer südöstlich von Rovinj, Kroatien
www.natura-histrica.hr (geführte Vogelbeobachtungen)

Sundowner mit Stufen

65 *Die Festung Trsat in Rijeka*

Ein steinerner Bogen am Titov trg in Rijeka weist den Weg: Hier geht es hinauf auf den Haus- und Festungsberg der Stadt, Trsat. Die ersten hundert Stufen klappt es wunderbar, die Stadt liegt einem buchstäblich zu Füßen, und die Steintreppen ziehen sich steil hinauf. Mal bellt ein Hund hinter hohen Gittern, mal trifft man auf andere Fußgänger, die ganz entspannt die Treppen hinabsteigen und einen aufmunternd anblicken. 567 Stufen sind es, die bezwungen werden wollen, doch der zu erwartende wunderbare Ausblick motiviert: Dort die Adria mit ihren Schiffen im Hafen, rote Ziegeldächer, schmale Hochhäuser am Stadtrand und der grüne Canyon mit der vergessenen Papierfabrik Hartera, die manchmal zur Event-Location wird. Dann ist es geschafft, die Treppe ist zu Ende. Schattige Bäume führen an einer Straße den Berg weiter hinauf. Rechter Hand eine Wallfahrtskirche, vor der ein Denkmal an den Besuch von Papst Johannes Paul II. erinnert. Jedes Jahr am 15. August, Mariä Himmelfahrt, pilgern Zehntausende Gläubige hier hinauf. Linker Hand ein halbes Dutzend Straßencafés, dann die Abzweigung zur Festung Trsat. Ein mächtiges Tor führt hinein, ein Ticket ist nicht erforderlich. Einen wirklich atemberaubenden Blick auf die Stadt und die Kvarner Bucht hat man von hier oben, und wenn man auf den zinnengekrönten Turm hinaufsteigt, wird's noch besser. Treppauf und treppab geht es durch die gepflegte Burg, über kleine Mauern und Türmchen, an der säulengetragenen Heldengruft vorbei. Wer sich auskennt, kommt beizeiten, um noch einen Platz in der Bar „Vintage" zu bekommen, mitten im grünen Burghof: Bei einem Sundowner kann man den Abend hier mit traumhaftem Adriablick wunderbar ausklingen lassen. Hier treffen sich viele Locals, aber auch Gäste der Stadt, und später geht es in eines der beliebten Cafés ganz in der Nähe, unterhalb der Wallfahrtskirche. Beim Festival „Ljeto na Gradini" (Sommer auf der Festung) wird gesungen und Theater gespielt, während die Sonne wie ein Ball im Meer versinkt. Kitschig, aber unvergesslich.

TIPP Am Abend ist die Bar „Beertija" mit 220 Biersorten eine gute Wahl, Slava Krautzeka 12.

Kastell Trsat, Ulica Petra Zrinskog, Rijeka, Kroatien
ÖPNV: Ab Rijeka-Zentrum Bus 2, Haltestelle Trsat

Schlamm macht schön

66 *Salinenpark und Thalasso in Sečovlje*

Einige Taschentücher braucht es schon, bis man mit dem Roman „Salz auf unserer Haut“ durch ist: Darin kennt die Liebe zwischen einem Fischer und einer Akademikerin gar keine Grenzen. Hach! Nun trifft man an der slowenischen Küste vielleicht nicht unbedingt einen Fischer fürs Liebesglück, dafür kann man hier – fürs Lebensglück – Salz auf der Haut spüren! Unter freiem Himmel gibt man sich einfach den zarten Händen hin, die einen im „Lepa Vida Spa“ mit Meersalz-Peeling verwöhnen. Am Kassenhäuschen der Salinen von Sečovlje, unweit der kroatischen Grenze, hat man die Wahl: Sightseeing oder Wellness? Wer sich für eine Besichtigung der Salzgärten entscheidet, löst eine Eintrittskarte und spaziert an den weiten Salzfeldern vorbei. Das geht auch prima mit dem Radl. In einem aufgelassenen Abschnitt verschnaufen Zugvögel auf dem Weg in den Süden. Im anderen Abschnitt wird Meersalz schon seit Jahrhunderten in Handarbeit geschöpft, im Sommer kann man dabei sogar zusehen.

Wer sich für die Wellness-Variante entscheidet, muss das schon vorher tun und sich anmelden. Direkt am Eingang stoppt dann ein helles Golfcaddy: „Haben Sie eine Reservierung?“, fragt der Fahrer freundlich. Unbedingt, denn höchstens 50 Gäste gleichzeitig können sich im „Thalasso Spa Lepa Vida“ verwöhnen lassen. Der Ort ist eine Glücksoase: Wie wäre es mit einer Salzschlamm-Massage mit Blick auf weiße Sommerwölkchen am Himmel? Alle Zaubermittelchen stammen direkt aus den Salinen nebenan – lokaler geht es nicht. Man kann auch in das Meersalzbecken eintauchen. Oder vor lauter Wellness-Glück einfach über die Holzplanken springen. In einen flauschigen Bademantel gekuschelt lässt es sich auf einer Liege prima relaxen: Würzige Meeresluft atmen, das Lachen der Möwen genießen oder den Wind, der sanft über die Salinen streift. So geht Selbstfürsorge!

Wer nun, frisch gebadet und fein durchgeknetet, noch Lust auf Shopping hat (ja, das ist auch Glück!), kann sich im Salinen-Laden mit kostbarem Fleur de sel, Salzblüte, oder Salzpeeling eindecken – und damit das Adria-Feeling zu Hause noch ein wenig verlängern.

Krajinski park Sečoveljske Saline (Naturpark Salinen von Sečovlje), Parecag, OT Sečovlje, Slowenien, Tel. +386 5 123 30 00, www.kpss.si

Thalasso Spa Lepa Vida, in den Salinen von Sečovlje, Tel. +386 5 672 13 60 www.thalasso-lepavida.si/de

Schattige Straßenschirme

67 *Sloweniens längste Pinienallee bei Strunjan*

Die Zahl 111 weckt in Slowenien die Sehnsucht nach Meer: Es ist die Nummer der Landstraße, die die Küstenorte miteinander verbindet. Ob man nun von Izola nach Portorož fährt, die alte Trasse von Italien nach Kroatien nimmt – oder umgekehrt – irgendwie landet man immer wieder auf der E111. Mal verläuft sie hügelig, mal hat man das Meer fest im Blick, mal kann man es nur erahnen. Die Straße ist irgendwie mit Urlaub, mit südlicher Lebenslust verbunden. Ein Abschnitt, kurz vor den Salinen von Strunjan, stimmt besonders glücklich: Dort säumt die längste Pinienallee Sloweniens die Fahrbahn. 110 Bäume mit abgeflachten, kugelförmigen Kronen beäugen einander, sie stehen sich beidseitig der Fahrbahn gegenüber. Ihre Baumkronen spannen sich so mächtig über die Straße, dass sie wie Schirme über dem Asphalt wirken und einander fast berühren. Leitplanken schützen Autofahrer und Baumstämme voreinander, eine durchgezogene Linie auf der Straße untersagt Überholmanöver. Auf diese Idee würde hier ohnehin kaum jemand kommen: Die Trasse ist eng und der Augenblick viel zu schön, um hier auf das Gaspedal zu drücken! Die längste Pinienallee ihrer Art in Slowenien hat schon viele Urlauber erlebt, die die E111 entlanggleiten – sie ist immerhin fast 100 Jahre alt und wurde in den Zwischenkriegsjahren gepflanzt.

TIPP Strunjan feiert seine Artischocken- (Mai) und Kaki-Ernte (November) mit je einem Fest. www.portoroz.si

Noch mehr Bäume? Zweigt man an der Pinienallee zu den Salinen von Strunjan ab, die als die kleinsten und nördlichsten in der Adria gelten, kommt man an einer weiteren Baumreihe vorbei: Gut 100 Kiefern wachsen hier auf 1,5 Kilometer Länge nebeneinander. Sie wurden erst vor vier Jahrzehnten vom damaligen Sanatorium gepflanzt, das heute als trendiges Wellness-Hotel seine Gäste mit Thalasso-Therapien verwöhnt. Bis zum beliebten Badestrand von Strunjan (Plaža Strunjan), der an die Salzbecken und Lagune angrenzt, sind es nur wenige Meter: Die Baumreihen stimmen auf einen sorgenfreien Tag am Meer ein – mit Liegestuhl, Kiosk und Blick auf die auf einem Plateau stehende Georgskirche (Sveti Juraj) von Piran.

Pinijev drevored, E111 bei Strunjan, Slowenien

ÖPNV: Ab Piran/Portorož/Lucija Bus 2, Haltestelle Strunjan, dann 2 Minuten Fußweg

Ein Schwiegermuttersitz

68 *Im Kakteengarten in Seča*

Er ist kugelrund, grün und stachelig. Vor allem aber ist er riesig, vielleicht so groß wie vier, fünf Fußbälle: der Schwiegermuttersitz im Kakteengarten von Magda Grašič. Die freundliche Dame mit dem grauen Haar zeigt ihren Besuchern gerne den Goldkugelkaktus, der mit stolzen 62 Jahren als der Methusalem ihrer Sammlung gilt. Als Magda Grašič den Kaktus bekommen hat, war sie noch ein junges Mädchen.

Wer den „Vrt kaktusov“ auf der slowenischen Halbinsel Seča besucht, parkt direkt davor. Ein kleines Gartentor führt auf das Anwesen, an blühenden Sträuchern vorbei, in ein gläsernes Gewächshaus. In der Halle gibt es große, lange und gedrungene Kakteen, manche sind angebunden, um in die Höhe zu wachsen. Über 1600 verschiedene Kakteen und Sukkulenten hat Magda Grašič in den vergangenen Jahrzehnten gesammelt. Die Stachelpflanzen stammen direkt aus ihren Ursprungsgebieten, etwa aus Südamerika. Ein echtes Paradies, und schon malt man sich aus, wie man die eigene Veranda zu Hause ein wenig umgestalten und aufhübschen könnte. Doch dann drängt sich die zentrale Frage auf: Wie pflegt man Kakteen eigentlich richtig? Ob es da ein Geheimrezept gäbe? Magda Grašič lacht. Nein, so etwas habe sie nicht. „Ich gieße die Kakteen jedoch erst, wenn die Erde komplett ausgetrocknet ist, das Wasser wirkt dann wie ein Schock“, erklärt sie.

TIPP Die Fischfarm Fonda gegenüber ist für Wolfsbarsch berühmt, Gäste können zur Fütterung mit rausfahren. www.fonda.si

Wer möchte, kann sich die handgezogenen Kakteen auch mit nach Hause nehmen. Da gibt es winzig kleine, die gerade mal zwei Euro kosten und mächtige, die schon Jahrzehnte alt und entsprechend teurer sind.

Ob die Slowenen eine Lieblingssorte haben? Die freundliche Dame schüttelt den Kopf: Jeder habe seine ganz eigenen Vorlieben, alle Sorten seien gleichermaßen gefragt. Dann widmet sie sich wieder ihren runden, langen, dicken und schönen Kakteen, von denen keiner wie der andere ist. Die scheinen es ihr zu danken, indem sie wunderbar gelbe oder weiße Kaktusblüten tragen – und einfach so schön anzuschauen sind!

Vrt kaktusov, Portorož, Seča 143b, OT Seča (direkt am Kap/Rt Seča), Slowenien, Tel. +386 31 67 05 10

ÖPNV: Ab Piran/Portorož/Sečvolje Bus, Haltestelle Seča

Entspanntes Baden

69 *Urmeer-Therme Life-Class in Portorož*

Das Meer! Irgendwie gehört es zum Sommer dazu, genau wie Wassermelonen, Flip-Flops und Eiscreme. Wer von einem „richtigen" Strandurlaub in Slowenien träumt, findet sein Glück im Badeort Portorož: Am Mittag löffelt man große Eisbecher in der Strandbar, abends schlürft man im gleichen Loungepolster einen Sundowner. Am Hauptstrand, der „Centralna plaža", spürt man sogar echten Sand zwischen den Zehen, den man in Istrien mit seinen Fels-, Kies- und Betonküsten schon suchen muss. Wer es exklusiver mag, gönnt sich am Privatstrand Meduza einen Liegestuhl mit Sonnenschirm oder gleich ein Tagesbett mit Baldachin – direkt am Badesteg, der weit ins Meer hineinragt.

Das klingt nach dem perfekten Sommerurlaubsglück? Ja, aber nur fast. Man könnte es nun freundlich umschreiben, etwa, dass es dort im Juli und August lebhaft zugeht. An manchen Tagen, vor allem am Wochenende, ist es allerdings nur eins: rappelvoll. Nun mag ein Strand, den alle mögen, nicht nach dem großen Glück klingen … Aber doch! Baden kann man in Portorož nämlich schon im Frühjahr. Zwar nicht in der Adria, die dann noch ein wenig frisch ist, dafür aber im Thermalbad des LifeClass Hotels: Dort taucht man in warmes, salziges Urmeer-Wasser ein, das an ein Bad in der sommerlichen Adria erinnert. Meeresluft schnuppert man dann beim Strandspaziergang.

Darauf freut man sich schon bei der Anreise: Während in den Alpen noch Schneereste auf den Gipfeln blitzen, fährt man einfach in den Frühling hinein. Zu dieser Jahreszeit, wenn nur wenige Gäste da sind, ist Portorož nämlich ein wunderbar entspannter Badeort. Das Hotelzimmer mit Meerblick an der Obala schont dann noch die Urlaubskasse, niemand hupt, wenn man nicht auf Anhieb in eine Parklücke kommt, und die Kellner im Café haben Zeit für einen kleinen Plausch. Es sind die vielen entspannten Alltagsfreuden, die glücklich machen. Wer sich die Zeit nehmen kann – auf ans Meer, ehe alle kommen! Echte Glückskinder wissen ja nun, wohin …

Therme & Wellness LifeClass Portorož Strand Meduza, Obala 31 + 33, Portorož, Slowenien, Tel. +386 5 692 80 60, www.lifeclass.net

ÖPNV: Bus 1, 2, Haltestelle Portorož H

Rebsaft im Brunnen

70 *An der Weinfontäne mit Ausblick in Marezige*

Drei Silbermünzen und ein Weinglas, das in eine Art Umhängelätzchen passt, damit man die Hände frei hat: Das bekommt jeder Gast, der bei Alen Babič vorbeischaut. Der Wirt betreibt im slowenischen Dörfchen Marezige, oberhalb von Koper, eine Weinfontäne („Vinska fontana"). Acht Euro kosten die Münzen, die man in einen Schlitz werfen und sich drei Gläser Wein selbst zapfen darf: Zwei rote und zwei weiße Sorten gibt es, darunter ein preisgekrönter Refošk oder Refosco, ein für Istrien typischer herber Rotwein. Alen Babič setzt auf das Motto „ein Glas mit Aussicht". Schaut man sich um, wird sofort klar, was der Wirt damit meint: Oberhalb eines grünen Weinbergs reihen sich großflächig Tische im Freien. Ein ausgemustertes Weinfass dient als Stehtisch, ein paar Sonnenliegen locken auf der Wiese, und wer es ganz romantisch mag, nimmt im eisenumrankten Pavillon mit Steintisch Platz. Wow! Ein Fernrohr gibt den Blick auf Koper und den Golf von Triest frei. Dieser Ausblick lässt einen erstmal Luft schnappen! Beeindruckend! Doch auch der Gaumen wird hier oben glücklich, mit hausgemachten fuži oder njoki, großzügig mit gehobelten schwarzen Trüffeln verfeinert. Mehr Istrien geht nicht. Damit möglichst viele Gäste seinen Wein probieren können, hatte Alen Babič eine zündende Idee: Er hat alte Retro-Busse mit Panoramadach knallrot lackieren lassen und holt damit seine Gäste ab – oft Gruppen, aber auch Kreuzfahrtgäste, die in Koper ein paar Stunden von Bord gehen. Babič schenkt das ganze Jahr aus, denn das Klima ist hier im istrischen Hinterland auch im Winter mild. Die Weinfontäne kommt gut an: Schon im ersten Jahr wurden über 20.000 Gläser gezapft. Aus den Lautsprechern röhrt Suzy Quattro gerade „Stumbelin' in". Die Sonne taucht langsam unter, der Golf von Triest erinnert an eine Blutorange und der Refošk leuchtet granatrot – ein wunderbares Farbenspiel.

TIPP

Im Weinshop gibt es Refošk-Schokolade mit Alkohol – köstlich!

Vinska fontana und Gostilna Karjola, Marezige 24, OT Marezige, Slowenien, Tel. +386 5 168 47 77
www.vinska-fontana.si

Romantik rockt

71 *Das Venezianische Haus in Piran*

Spieglein, Spieglein an der Wand … Keine Frage, die „Venezianerin" ist die Schönste im Land. So heißt das wohl berühmteste Haus von Piran, direkt am zentralen Tartinijev trg. Auf Slowenisch „Benečanka", auf Italienisch „Casa Veneziana". Lange Jahre erkannte man das Haus im venezianisch-gotischen Stil an seiner roten Farbe. Vor ein paar Jahren wurde die Fassade jedoch cremeweiß gestrichen, wie sie ursprünglich einmal ausgesehen haben soll. Der Farbwechsel erhitzte die Gemüter: Rot oder beige? Eigentlich egal, denn die Architektur der „Venezianerin" mit einem Eckbalkon und Steinornamenten ist so hübsch, dass alles andere Nebensache ist.

Als das Haus gebaut wurde, stand es noch direkt am Wasser, im alten Hafen. Der wurde später aufgeschüttet und ist heute der zentrale Platz, der dem „Teufelsgeiger" Guiseppe Tartini gewidmet ist. Doch wer war der Bauherr der „Venezianerin"? Ein reicher Kaufmann aus Venedig. Er ließ das Haus für seine Geliebte errichten, ein einfaches Mädchen aus Piran. Die Lage mit dem Balkon war so gewählt, dass sie immer sofort sehen konnte, wenn er von seinen Reisen zurückkehrte. Hach, wie romantisch! Aber das sorgte auch für Neid, und die Bewohner von Piran zerrissen sich buchstäblich die Münder über das Paar. Der Kaufmann reagierte gelassen. Er ließ eine Steintafel in venezianischem Dialekt anfertigen und an der Fassade anbringen: „Lasa pur dir", was so viel heißt wie „Lass' sie reden". Ob die Liebe glücklich endete, ist leider nicht übermittelt. Aber als echte Glückskinder glauben wir mal ganz fest daran.

Heute kann man in dem Haus übernachten und von der mittelalterlichen Liebesgeschichte, die sich hier ereignete, träumen. Im Erdgeschoss frönt man eher der Shopping-Lust: Im Salzladen der „Piranske soline" gibt es feines Fleur de sel, Salzblüte, die in den Salinen von Sečovlje traditionell von Hand geschöpft wird. Die Zartbitter-Schokolade mit feinem Meersalz zergeht auf der Zunge: Dieser Schmelz, der sich am Gaumen mit einer leichten Salznote mischt und so wunderbar lange nachwirkt, ist buchstäblich zum Dahinschmelzen!

Casa Veneziana, Tartinijev trg/Ulica IX. korpusa 2, Piran, Slowenien, www.benecanka.si (Übernachtung) und www.soline.si (Salzshop)

ÖPNV: Bus 1, 2, Haltestelle Piran Tartini

Kavarna
CEDEVITA

Scharfes Öl

72 *Mit dem Retrobus durch den Olivenhain*

Familie Lisjak pflegt ihre Olivenhaine mit viel Liebe. Alte, knorrige Bäume, die mehrere hundert Jahre alt sind, wachsen auf dem Anwesen allerdings nicht. „Alle 50 Jahre kommt ein großer Frost, dann muss man wieder ganz von vorne beginnen", erklärt die Chefin, Gigliola Lisjak. Doch wie prüft man, ob ein Olivenöl gut ist? „Zuerst riecht man daran: Gras, Artischocken, alles, was grün ist – dann probiert man es, sagt Gigliola Lisjak. „Wenn der Duft nicht passt, ist es kein gutes Öl", sagt sie. Damit Öl gut bleibt, sollte man es innerhalb eines Jahres verbrauchen, obwohl es schon mal auch zwei Jahre lagern kann. Das Geheimnis? Die schnelle Verarbeitung, die das Aroma garantiert. „Die Oliven werden gepflückt und verarbeitet, meist innerhalb von vier Stunden." Dann wird Orange, Chili, Zitrone oder Trüffel zugegeben – oder auch gar nichts. Alles in Bio-Qualität.

Die Sortenvielfalt macht gute Laune: Wer es würzig mag, probiert die Sorte Poison, die am Gaumen pikant schmeckt. Zu Fisch passt Olivenöl mit Zitronenaroma. Oder, ganz ungewohnt: Olivenöl mit Kürbiskernöl gemischt. Bei der Sorte Cuvée werden Oliven aus Italien und Kroatien zugekauft, jedoch vor Ort in Koper verarbeitet. Wunderbar glatte Löffel oder Kämme aus Olivenholz gibt es dort auch. Für Kinder gibt es eine eigene Serie, Olivija und Oliver, mit mildem Olivenöl und Etiketten zum Selbstgestalten.

TIPP Gepflasterte Gassen und venezianische Paläste lohnen einen Bummel durch die Altstadt von Koper.

Übrigens: Familie Lisjak produziert nicht nur Öl, sondern zeigt ihren Besuchern auch, wo die Oliven wachsen. Dazu kutschiert Sohn Matej die Gäste durch den Olivenhain, aber auch durch den Weinberg: Mehr als 20 Mikrobusse der Jugo-Marke Zastava und Fiat hat er dazu aus aller Welt aufgekauft und aufgepeppt. Die Busse machen richtig gute Laune und werden von Gruppen gern gemietet. Doch auch alleine oder zu zweit kann man mit Matej durch den Olivenhain ruckeln – so sieht südliche Leichtigkeit aus.

Oljarna Lisjak, Šalara 28 b, Koper, Slowenien, Tel. +386 40 29 42 48
www.lisjak.com
ÖPNV: Ab Koper-Zentrum Bus 1, Haltestelle Šalara

TAXI
LISJAK

Der Mangold-Turm

73 *Bummel durch das istrische Dörfchen Padna*

Ein steiles Bergdorf im slowenischen Hinterland, das ist Padna. Keines, bei dem man in jedem Haustor Flip-Flops oder Plastikmagneten kaufen kann. Dafür ein ganz unaufgeregtes, in dem das Authentische die Poesie des Alltags ist. Es sind kleine, liebevolle Dinge, die es hier zu entdecken gibt, wie die „portoni", die alten Tore an den Natursteinhäusern, die braunen Holzläden zum Aufklappen und Steinborten, die die Fenster säumen. Die Holztüren sind bunt gestrichen, in der Ferne knattert ein Traktor. Die Touristinformation ist in einem grauen Natursteinhaus mit einer rebenumrankten Pergola untergebracht. Beim langsamen Bummeln durch Padna gelangt man zu einem spitzen Kirchturm: Der gehört zur Kirche Sveti Blaž nebenan, die Sankt Blasius geweiht ist. Der Turm steht neben der Kirche, wie es in Istrien oft der Fall ist – denn das Geld dafür kam meist erst zusammen, nachdem die Kirche schon stand. Dass die Kirche von Padna überhaupt einen Turm hat, verdankt sie dem Mangold: Durch den Verkauf des spinatähnlichen Gemüses brachten die Bewohner das Geld auf und spendeten es für den Kirchturm. Daher wird der Mangold – gemeinsam mit dem Olivenöl – jedes Jahr mit einem großen Fest gefeiert. Das Öl stammt von den knorrigen Bäumen, die sich den Hang hinabziehen – und Padna auf der „Olivenöl-Straße" platziert haben. Übrigens gehört zu Mangold und Olivenöl unbedingt Knoblauch zum Verfeinern dazu. Ein Dorfbewohner hat ihn in seiner Garage aufgetürmt: Rötlich, mit hartem Stiel wirkt die Knolle sehr ansprechend und ist schnell in eine braune Papiertüte verpackt. Auf dem Verkaufstisch gibt es Gläser mit Oliven und gebratener Paprika, Walnusslikör, Olivenöl, Grappa, und fast ist man versucht, so viel zu kaufen, dass es gar nicht in den Koffer passen könnte … Ein Wanderweg lenkt ab von den Köstlichkeiten, er führt zu einer Quelle. Die alte Dorfschule hält auch eine Überraschung bereit: Grafiken und Skizzen des berühmten slowenischen Malers Božidar Jakac, der seine Kindheit in Padna verbrachte. Alles schöne Dinge, die man hier gar nicht vermuten würde – Seelennahrung!

TIPP Gute Trüffelgerichte serviert die Restavracija Gold Istra in Padna.

Sečovlje, OT Padna, Slowenien

ÖPNV: Ab Piran/Portorož/Sečvolje/Seča Bus 1.2.1, Haltestelle Padna

Kunst und Küste

74 *Lieblingsbank im Forma Viva Skulpturenpark*

Kunst, Natur und ein toller Panoramablick – was braucht es mehr zum Glück? Wenn dazu noch die Sonne scheint, die alles ins richtige Licht rückt, ist der Moment eigentlich perfekt. Das alles kann man im Skulpturenpark Forma Viva auf der slowenischen Halbinsel Seča erleben. Dort lässt es sich ganz entspannt an knorrigen Olivenbäumen vorbeischlendern und Steinblöcke anschauen. Natürlich nicht nackte, sondern kunstvoll verwandelte: Da umschlingen sich Liebende, dort schaut ein mächtiger Kopf mit offenem Mund auf die grüne Wiese. Und das da? Eine Schlange vielleicht? Es macht Spaß, zu erraten, was sich die Künstler dabei gedacht haben könnten. Beeindruckend sind die mächtigen Skulpturen allemal. Einige sind schon verwittert, was naheliegt, denn manche Figuren verschönern den Park seit 1961. Damals fand das erste Internationale Bildhauer-Symposium Forma Viva hier statt: Künstler aus ganz Jugoslawien, aber auch aus dem Ausland, kamen zusammen, um Steine in Kunst zu verwandeln. Der istrische Stein wurde solo oder gemeinsam bearbeitet, als Gruppenwerk. Mehr als 130 Kunstwerke sind so entstanden, die sich nicht nur im Park Forma Viva, sondern auch anderswo an der slowenischen Küste befinden. Das Leitmotiv war, eine Symbiose aus Kunst und Natur zu schaffen. Dazu wurden sieben Sorten Olivenbäume, die typisch für Istrien sind, zwischen die Kunstwerke gepflanzt.

TIPP Einer von drei Rundwegen führt von Portorož via Strunjan über 12 Kilometer durch zauberhafte Landschaft!

Lieblingsorte dort sind Parkbänke: Mitten auf der Wiese, von Skulpturen und Oliven umsäumt oder eine, die sich in der hintersten Parkecke unter schattigen Kiefern an einem steilen Abgrund versteckt – mit herrlichem Blick auf das Meer und Portorož. Sogar das pompöse Jugendstil-Hotel „Palace“ kann man von hier oben gut erkennen. Fernglas nicht vergessen! Der Park ist übrigens ein Treffpunkt für alle und frei zugänglich, geparkt werden kann direkt davor. Genug Kunst geschnuppert? Ein schattiger Spazierweg führt zum Kanal des Hl. Bartholomäus und zum Kakteengarten Grašič ans Meer nach Seča hinunter, in die andere Richtung kommt man nach Lucija.

Forma Viva, Seča 152, OT Seča Slowenien, www.portorož.si
ÖPNV: Ab Piran/Portorož Bus 1.2.1, Haltestelle Seča

Kilometerweit am Meer

75 *Park- und Promenaden-Spaziergang durch Koper*

Einen hübschen Ausguck hatte man ja schon, wenn man im Auto auf der alten Küstenstraße zwischen Koper und Izola unterwegs war: Es ging immer am Meer entlang, mit unverstelltem Adriablick. Nun ja, so ganz stimmt das vielleicht nicht: Oft stand man mehr, als dass man gefahren wäre. Irgendwo zwischen all den anderen Autos, die auch auf dem Weg zum Strand waren. Und so war die Trasse Koper-Izola an Wochenenden im Hochsommer oftmals ein echtes Nadelöhr.

Das ist nun, zum Glück, schon seit ein paar Jahren Geschichte. Die Autofahrer bekamen ihren Tunnel, der durch den Berg nebenan verläuft und ihnen Zeit spart. Und die Fußgänger, Radler und Rollerfahrer haben nun ebenfalls ihre eigene Trasse, die jetzt autofrei ist.

Schon der Start, gleich hinter dem großen Parkplatz beim Wochenmarkt von Koper, macht gute Laune: Auf der grünen Wiese erwartet der erst vor wenigen Jahren angelegte Stadtpark von Koper seine Besucher mit modernen Betonterrassen, Röhren, Holzliegen oder kleinen Wasserrutschen, auf denen man im Sommer prima Papierboote schwimmen lassen kann – vor allem die Kleinen haben dort Spaß! Am Hafenbecken entlang, kann man den Volleyballspielern von Koper beim Match zuschauen.

Dann beginnt die Promenade nach Izola: Kilometerweit am Meer entlang – gehen, träumen und frische Kraft tanken. Ganz entspannt schaut man aufs Meer hinaus – an klaren Tagen sogar bis nach Triest hinüber. Dass die Autos umgeleitet werden, ist eine feine Sache, denn die slowenische Küste ist recht kurz – gerade mal 46,6 Kilometer – da zählt jedes Eck, das man am Wasser verbringen kann. Und wenn man schon mal da ist: Einen Zwischenstopp auf der Küstenpromenade lohnt das Strandbad Žusterna, allerdings wird es da an heißen Tagen schon mal kuschelig. Nach 6,5 Kilometern hat man Izola, welches früher auf einer Insel lag, erreicht. Ein Bummel über gepflasterte Gassen, die bunten Boote im Mandrač, dem alten Hafen, begrüßen – und dann geht es wieder zurück, das Meer immer im Blick.

TIPP Am Abend sind die Wasserspiele im modernen Stadtpark an der Promenade schön bunt beleuchtet.

Stadtpark, Semedelska cesta, Uferpromenade/Strand, Pristaniška ulica, Koper, Slowenien

ÖPNV: Bus 2, Haltestelle Zeleni park bzw. Mandrač (Koper)

76 *Das schönste Piran-Panorama erleben*

Süßes Nichtstun könnte einen glatt in Piran überkommen, dem schönsten slowenischen Küstenstädtchen. Stundenlang könnte man die schmale Landzunge, die nur Punta genannt wird, betrachten, mit ihrem Gewirr aus roten Dächern und verwinkelten Gassen. Oberhalb, auf einer Klippe, erspäht man auf einer Plattform die Georgskirche (Sveti Juraj) mit ihrem spitzen Kirchturm. Um das wunderschöne Panorama von Piran wie auf einer kitschigen Postkarte oder auf einem Instagram-Foto zu erleben, muss man weder eine Drohne noch ein Vogel sein: Man muss nur den perfekten Ort kennen! Dazu steigt man auf die mit Zinnen und Türmchen gekrönte Stadtmauer hinauf, die sich im Westen von Piran auf einer Anhöhe steil über der Altstadt erhebt und wie eine Festung wirkt. An der Kasse vorbei geht es auf die Mauer hinauf, die so schmal ist, dass man gerade mal zu zweit nebeneinander passt. Wow, dieser Ausblick! Beflügelt, bereichert und begeistert! Besonders romantisch ist es am Abend, wenn die Sonne im Meer versinkt und die Punta in ein warmes Licht taucht. Wer das Teleobjektiv seiner Kamera sonst gerne im Hotel lässt (ja, es ist manchmal wirklich sperrig!), sollte es unbedingt einpacken: Hier oben wartet das perfekte Urlaubsfotoglück!

Dass Piran früher von dicken Mauern umringt war – einzelne Abschnitte und zwei Stadttore sind noch zu sehen –, hing mit dem Reichtum der Stadt zusammen: Die Salinen, in denen Salz gewonnen wurde, weckten so manche Begehrlichkeiten. Die Punta war schon im 10. Jahrhundert von einer Mauer umgürtelt, die jüngsten Abschnitte entstanden im 15. Jahrhundert, als die Gefahr türkischer Einfälle groß war.

Wie wäre es mit einem Perspektivenwechsel? Um die Stadtmauer von der Altstadt aus zu erleben, lohnt sich unbedingt ein Spaziergang rund um die Punta, bis zum Leuchtfeuer – wo auch gerne gebadet wird, so fühlt man sich mitten im prallen Leben.

TIPP

Das Parkhaus Garažna hiša Arze (Arze 1 b) ist rund um die Uhr geöffnet, gleich ums Eck und erspart den steilen Aufstieg.

Obzidje Piran, Ulica IX. korpusa, Piran, Slowenien
www.wallsofpiran.com
ÖPNV: Ab Lucija/Portorož Bus 1, 2, Haltestelle Tartinijev trg (Piran)

Eisgekühlte Petersilie

77 *Die angesagte Eisdiele Sladoledarna in Koper*

Das cremigste Eis gibt es in Italien? Das ungewöhnlichste, etwa mit Hühnchen- oder Wasabigeschmack, in Japan? Slowenien kann mit diesen Superlativen locker mithalten: In der Hafenstadt Koper findet sich das vielleicht aufregendste „sladoled“ (Eis) in ganz Slowenisch-Istrien. Zugegeben, der Eisstand der „Sladoledarna“ liegt ein wenig versteckt, an der Rückseite der Fischmarkthalle. Man erkennt ihn jedoch gleich, denn dort ist immer etwas los. Doch welche Sorte sollte man unbedingt probieren? Da verschmelzen Zutaten miteinander, die man eher in (k)einer lockeren Beziehung vermuten würde: Petersilie hat ein Date mit Gurke und Ananas, während Grüner Apfel ein Techtelmechtel mit Basilikum pflegt. Das klingt nach munteren Seitensprüngen quer durch den Kräutergarten? Keine Sorge, die Sorten sind sich schon seit ein paar Jahren treu, denn ihr Mix kommt bei den Eisfans gut an.

Nicht nur Kräuter werden hier eisgekühlt, es gibt auch fruchtige Experimente: Pfirsich, Blaubeere und Lavendel sind ein wunderbar süßes Trio, das zu einer Sorte verschmilzt. Sauerkirsche vereinigt sich mit Banane, und Ingwer verleiht Orange eine leicht würzige Note. Wer es cremig mag, findet in Macadamia mit Kardamom vielleicht seinen Glücksmoment. Wie wäre es mit Banane mit Stracciatella und Karamell, mit Zartbitterfäden durchzogen? Es geht noch schokoladiger: Sachertorte mit leichter Aprikosennote und Dunkle Schokolade schmeckt, als würde Zartbitter pur auf der Zunge zergehen.

Gut 30 Sorten gibt es, nicht immer ist alles da – aber das macht einen erneuten Besuch so spannend. Was vegan ist, markiert ein großes „V“. Wer mag, bekommt hier auch hausgemachtes Eis am Stiel ohne Zucker. Schmeckt das überhaupt? Klar, Bananen, Datteln, Nüsse und Rosinen sorgen für die nötige Süße. Und das Publikum? Genauso bunt wie die Vitrine: Junge Hipster mit dem E-Roller, aber auch Großmütter mit ihren Enkeln nach dem Wochenmarktbesuch – mit echter Petersilie im Korb, während man sich ganz der eisgekühlten hingibt.

TIPP Bei Fritolin auf der anderen Hallenseite gibt's leckere Mini-Fische (girice) mit Weißbrot. www.fritolin.com

Sladoledarna, Pristaniška ulica 2, Koper, Slowenien (März bis Oktober)

ARAŠIDOVA STRAČATELA
MANGO
+0,40 €
BANANINA STRAČATELA S KARAMELO
BANANA
ŽELENO JABOLKO Z BAZILIKO
LIMONA
MANDARINA

Klippen und Küste

78 *Die weißen Flyschfelsen von Strunjan*

Was für ein wildromantischer Küstenabschnitt! Wunderbare Steilklippen ragen direkt aus dem türkisblauen Wasser der Adria empor, ziehen sich oberhalb eines Kiesstrands am Meer entlang: Mächtig empfangen die 80 Meter hohen Flyschfelsen die Besucher im Naturpark Strunjan. Wer dorthin möchte, parkt am besten in der Nähe der alten Salinen von Strunjan, stapft an Obstbäumen vorbei hinauf auf eine Anhöhe oder tritt mit dem Radl in die Pedale. Und irgendwann steht man oben, wischt sich die Schweißperlen von der Stirn, schaut auf die fast senkrechte Felswand hinab, die sich farblich wunderbar vom Meer und dem Grün abhebt: Dabei fühlt man sich ein wenig an den wildromantischen Charme der Bretagne erinnert. Oberhalb der Felsen ragt die kleine Marienkirche empor. Weiter südlich führt der Klippenweg zum mächtigen Kreuz von Strunjan, das Seeleute vor über 100 Jahren aus hellem Stein errichten ließen. Wer nicht gerade in Flip-Flops unterwegs ist, klettert den Hang hinab zum Mesečev zaliv, der Mondbucht: Ein kleiner Küstenfleck, mit hellem Felsenkies bedeckt, der langsam ins Meer übergeht – traumhaft naturbelassen.

TIPP

Badeschuhe, Getränke und Snacks für die Mondbucht nicht vergessen!

Die Klippen von Strunjan sind übrigens etwas ganz Besonderes, aus Flysch, einem Gestein, das weniger robust ist als Kalkstein. Es bröckelt, daher verändert sich das Aussehen der Küste und der Steilfelsen im Lauf der Zeit – natürlich nur ganz langsam.

Die Klippen mit der Bucht gehören zum Naturpark Strunjan: Ein Rastplatz für Zugvögel, und mit ein wenig Glück sieht man sogar junge Schwäne am Ufer. In dem alten Salzgärtnerhaus ist ein kleines Infozentrum untergebracht: Die Salinen, in denen seit 700 Jahren Salz geerntet wird, gelten als die nördlichsten in der Adria. Ganz am Ende des Zufahrtsweges, neben dem großen Parkplatz, wird gebadet, nebenan gibt es hausgemachtes Eis am Kiosk. Ein wunderbares Stück Natur, wildromantisch und vielfältig zugleich – ein echter Lieblingsort.

Flyschfelsen, Plaža Mesečev zaliv, Strunjan 144, OT Strunjan, Slowenien

ÖPNV: Ab Piran/Portorož/Lucija Bus 2, Haltestelle Strunjan K, 20 Minuten Fußweg zur Mondbucht

Im Grünen Delfin übers Meer

79 *In Muggia fährt man Boot statt Bus*

Am schönsten nähert man sich Muggia vom Wasser aus: Dazu steigt man in der Hafenstadt Triest einfach in den „Delfino Verde", eine Art schwimmender Bus. Eine halbe Stunde benötigt der „Grüne Delfin", der eigentlich weiß ist und eine windschnittige Schnauze hat. Schneller ist man mit dem Bus auch nicht und verpasst zudem das wunderbare Schaukeln auf den Wellen, das zum südlich-mediterranen Lebensgefühl irgendwie dazugehört. Die Schiffsfahrt führt an den Docks von Triest vorbei, quer durch die ganze Bucht: „Tuut-tuut" – ein mächtiger Tanker läuft gerade aus, und gelbe Kräne ziehen Container hinauf, die aus der Ferne wie Legosteine wirken. Im Hinterland wellt sich der Karst am Horizont, der die Küste vor kalten Winden schützt und schon zu Slowenien gehört. Dann kommt Muggia, die einzige italienische Gemeinde in Istrien, immer näher: Am Pier warten ein paar Radfahrer und Familien mit Kindern. Der „Delfino Verde" legt an, die einen klettern hinaus, die anderen hinein, Tickets werden an Bord gelöst – und schon legt das Schiff wieder ab, in Richtung Triest. Ein verlockendes Alltagsabenteuer! Der Besucher bleibt in Muggia zurück, der Blick fällt auf Segel- und Motorboote im Hafen, die ein Wellenbrecher umgarnt. Das Ende der Mole markiert ein winziges Leuchtfeuer, das Skippern den Weg im Dunkeln weist. An der Mole hat ein Angler einen Korb neben sich aufgestellt. Zwei braungebrannte Segler mit Sonnenbrillen begrüßen sich auf Slowenisch, ein Dritter kommt hinzu, sie schwenken, ohne Atem zu holen, sofort auf Italienisch um – Alltag in Istrien, faszinierend. Läuft man in Richtung Altstadt, hängen Einstiegsleitern und Fischernetze an der hohen Mauer des Wellenbrechers: Das Leben im Hafen von Muggia besteht nicht nur aus Yachten und dem Delfino Verde, sondern auch aus Fischfang. Alles in dem kleinen Hafen wirkt so authentisch, dass man hier gerne bleiben möchte, um vielleicht ein wenig Seemannsgarn mit den Skippern zu spinnen.

Bootstour Muggia, Italien, Anlegestelle in Triest: Molo Bersiaglieri, in Muggia: Molo delle illusioni
www.triestetrasporti.it und www.delfinoverde.it

Navigazione
Delfino
Verde

Auf einen Apéro nach Muggia

80 *Gelato und frischen Fisch am alten Hafen*

Durch ein italienisches Städtchen streifen und dabei das mediterrane Alltagsleben einatmen – auch das ist Glück. In Muggia, dem einzigen italienischen Eck in Istrien, ist die Piazza Marconi das Herz der Stadt. Am schönsten ist der Platz am Abend, zur Apéro-Zeit: Dann trifft man sich mit Freunden auf einen Hugo oder Veneziano, für die Kinder gibt es gekühlten Eistee. Der Kellner bringt Schalen mit salzigen Chips, Pizzaecken und Oliven als Snack herbei – ein Spiegelbild italienischer Lebensart! Malerisch umrahmt der Duomo, die Kathedrale, den Platz, und am Rathaus faucht ein venezianischer Steinlöwe, der sofort klar macht, wer hier früher das Sagen hatte. Kinder flitzen mit dem Roller über das Pflaster, und der Gruß „Ciao", der an jeder Ecke erklingt, verbindet Italiener, Slowenen und Kroaten in ganz Istrien. Bei einem Apéro hat man alles auf einen Blick: Wunderschönste Baukunst, die einen staunen lässt, und südliche Lebenslust.

Ist es noch zu früh für den Restaurantbesuch, bummeln die Muggesiani gerne durch die „calli", die engen Gassen. An Häusern mit Spitzfenstern vorbei kommt man zu einer Osteria, die „Jota" auf ihrer Speisekarte anbietet: Den deftigen Eintopf mit Sauerkraut und Bohnen kennt man auch anderswo in Istrien, wo überwiegend Slowenisch oder Kroatisch gesprochen wird. Es ist spannend, die kulturellen und kulinarischen Gemeinsamkeiten aufzustöbern – und natürlich auch zu probieren!

Am Mandracchino, dem alten Hafen, zwischen Piazza und Meer, gehört die Gelateria Meravigliosa mit den blauen Markisen unbedingt zum Abendbummel dazu. Dort schmeckt das Eis so, wie man es von einem italienischen Gelato erwartet: cremig, mit Nusssplittern oder Schokostückchen. Doch eigentlich kommt man nicht zum Eisessen nach Muggia. Die Triestiner fahren gerne hierher, um in einer Taverne Fisch zu bestellen: Dort lassen sie sich von dem Padrone fangfrischen Wolfsbarsch oder Dorade empfehlen und gönnen sich eine kulinarische Verwöhnzeit – willkommen im Süden!

Piazza Guglielmo Marconi, Muggia, Italien
Gelateria Meravigliosa, Riva de Amicis 23, Muggia, Italien
ÖPNV: Busbahnhof Stazione Muggia, 5 Minuten Fußweg

Bibliografische Informationen der Deutschen Nationalbibliothek
Die Deutsche Nationalbibliothek verzeichnet diese Publikation in der Deutschen Nationalbibliografie; detaillierte bibliografische Daten sind im Internet über http://dnb.d-nb.de abrufbar.

Konzeption/Satz: Droste Verlag, Düsseldorf
Einbandgestaltung und Illustrationen: Britta Rungwerth, Düsseldorf, unter Verwendung von Bildern von © Fotolia.com: jd - photodesign.de; © iStock: Plociennik Robert
Fotos: Veronika Wengert, außer:
S. 13: Fotograf: Goran Šebelić/Skira Architectural Lighting; S. 19: Marko Kalčić/MEMO Museum Pula; S. 85: Botel Marina; S. 115: www.vistitRijeka.hr; S. 119: Saša Miljević/Touristinformation Barban; S. 139: Branko Furlanić

MIX
Papier aus verantwortungsvollen Quellen
FSC® C011279
FSC www.fsc.org

Druck und Bindung: LUC GmbH, Greven
ISBN 978-3-7700-2265-6

www.droste-verlag.de